# THE BIG BOOK OF KILLER SU DOKU

Compiled by Mark Huckvale

An Orion paperback

First published in Great Britain in 2006
by Orion Books Ltd,
Orion House, 5 Upper St Martin's Lane,
London WC2H 9EA

An Hachette Livre UK company

10  9

A CIP catalogue record for this book is
available from the British Library.

ISBN  978-0-7528-8093-8

Printed and bound in Great Britain by
Clays Ltd, St Ives plc

The Orion Publishing Group's policy is to use papers
that are natural, renewable and recyclable products and
made from wood grown in sustainable forests. The logging
and manufacturing processes are expected to conform to
the environmental regulations of the country of origin.

www.orionbooks.co.uk

# Contents

---

## THE PUZZLES

### Midi Puzzles 1–20
Complete the grids such that each row, column and 2x3 box contains the digits 1–6 in such a way that the digits in the linked cells add up to the given totals without repetition.

### Starter Puzzles 21–40
Complete the grids such that each row, column and 3x3 box contains the digits 1–9 in such a way that the digits in the linked cells add up to the given totals without repetition.

### Easy Puzzles 41–80

### Moderate Puzzles 81–120

### Hard Puzzles 121–160

### Challenging Puzzles 161–198

### Monster Puzzles 199–200
Complete the grids such that each row, column and 3x4 box contains the numbers 1–9, 10, 11 and 12 in such a way that the numbers in the linked cells add up to the given totals without repetition.

---

# How to Play Killer Su Doku

Su doku and killer su doku are logic puzzles in which you fill in a grid with numbers such that the pattern of numbers satisfies certain rules. A typical grid is made up of nine rows and nine columns, with nine 3x3 boxes identified by thicker lines, like this:

In normal su doku, there are three rules:

1. Each puzzle row (horizontal line) must contain one and only one of each digit 1–9
2. Each puzzle column (vertical line) must contain one and only one of each digit 1–9
3. Each 3x3 box must contain one and only one of each digit 1–9

The logical deductions you make in normal su doku arise from the interplay of these rules: each digit must appear once in each row, column and box. If a digit is already present in a row, it can't be repeated; if a digit is missing from a column, then it has to go somewhere; and so on.

In killer su doku, groups of cells are linked together using dashed lines, as you can see in this piece of a puzzle:

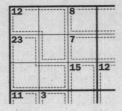

These linked boxes lead to a fourth rule in killer su doku:

4. The digits in each group of linked cells must add up to the total shown, without any digit being repeated.

Thus in killer su doku, the digit you choose for a cell has to satisfy the row, column, box *and* group rules. The limitations of the fourth rule caused by the linked cells and totals can sometimes mean that puzzles don't need to have any initial digits. The initial puzzle can be empty except for the groups and their totals.

Here is a 6x6 'midi' su doku and killer su doku puzzle that have the same solution. In a midi puzzle, the rules are the same as above, except that you only need to use the digits 1–6. The normal su doku puzzle has an initial pattern of digits which limits the solution to a single arrangement of digits. In the killer su doku puzzle, the linked cells and their totals are sufficient in themselves to limit the solution to a single arrangement of digits.

## Normal su doku

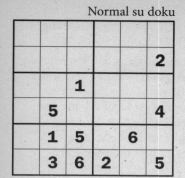

## Killer su doku

## Solution

| 5 | 2 | 3 | 6 | 4 | 1 |
|---|---|---|---|---|---|
| 1 | 6 | 4 | 3 | 5 | 2 |
| 3 | 4 | 1 | 5 | 2 | 6 |
| 6 | 5 | 2 | 1 | 3 | 4 |
| 2 | 1 | 5 | 4 | 6 | 3 |
| 4 | 3 | 6 | 2 | 1 | 5 |

Check for yourself how the four rules of killer su doku are working here. See how each row, column and 2x3 box contains one instance of the digits 1–6, and how the groups of linked cells add up to the totals shown without repeating digits in a group.

Making up killer su doku puzzles is quite hard! Fortunately, solving them is much easier and much more fun. If you want to try one for yourself, jump to puzzle number 1, but if you first want some tips on how to solve killer su doku puzzles, then read on!

# Getting Started

If you are used to normal su doku puzzles, your first reaction to killer su doku may be 'but where do I start?'. The absence of any initial digits in some killer su doku puzzles can be a bit of a shock. Killer su doku puzzles do require some new strategies beyond normal su doku at the start, but once a few digits are in place you'll find your previous experience very useful. Here is some advice on how to find the first few digits.

## Tip 1. Holes and Stubs

In killer su doku each of the linked cells has an associated total, and you must fill each group with digits to make that total without repeating any digit. But if you think about it, the rows, columns and boxes have a similar constraint: the digits in each one must add up to a given total and no digit can be repeated. In normal sized 9x9 puzzles, each row, column and box must add up to 45 (the sum of the digits 1–9). In midi sized puzzles, the sum is 21 (sum of digits 1–6), while in monster sized puzzles the sum is 78 (sum of 1–9,10,11 and 12).

Treating the rows, columns and boxes as additional groups of cells that add to a known total gives us a way to *calculate* the value of some cells. We look for groups of cells that overlap in such a way that one cell 'stands out' from the rest.

In this midi puzzle, look at the first column. We know that the whole column must add up to 21, but see also that there are three groups that cover the first column: groups with totals 14, 3 and 7. But these three groups also extend one cell to the right in the first row, and include the cell marked with **a**. By calculation then, cell **a** plus 21 must equal 14+3+7, or in other words cell **a** is equal to 3.

Now look at the right-most column. The whole column adds up to 21, and it overlaps with two groups of 3 and 15. However the groups fail to cover the lower right cell labelled **b**, so the value of this cell plus 3+15 must equal 21, so cell **b** is also equal to 3.

In most killer su doku puzzles you can find some single 'stubs': single cells which stick out from a row, column or box like cell **a**, or 'holes': single ungrouped cells within a row, column or box like cell **b**. If you find the total for the overlapping groups and you know the total for the row, column or box, then you can calculate the value of the digit in the stub or the hole.

## Tip 2. Unique Sets

Another useful tip for getting started is to look for linked cells which have a total that can only be made by a unique set of digits. For example a group of two linked cells with a total of 3 can only be made with 1 and 2. Similarly, a group of three cells adding up to 24 (in a 9x9 puzzle) can only be made with 9, 8 and 7. There are a number of these unique sets of digits, familiar to anyone who has played the logic game *kakuro*. This table gives you the most useful unique sets for the standard 9x9 puzzle:

| Group size | Sum | Unique digits |
|---|---|---|
| 2 | 3 | 1 2 |
| | 4 | 1 3 |
| | 16 | 7 9 |
| | 17 | 8 9 |
| 3 | 6 | 1 2 3 |
| | 7 | 1 2 4 |
| | 23 | 6 8 9 |
| | 24 | 7 8 9 |
| 4 | 10 | 1 2 3 4 |
| | 11 | 1 2 3 5 |
| | 29 | 5 7 8 9 |
| | 30 | 6 7 8 9 |

| Unique digits | Sum | Group size |
|---|---|---|
| 3 4 5 6 7 8 9 | 42 | 7 |
| 2 4 5 6 7 8 9 | 41 | |
| 1 2 3 4 5 6 8 | 29 | |
| 1 2 3 4 5 6 7 | 28 | |
| 4 5 6 7 8 9 | 39 | 6 |
| 3 5 6 7 8 9 | 38 | |
| 1 2 3 4 5 7 | 22 | |
| 1 2 3 4 5 6 | 21 | |
| 5 6 7 8 9 | 35 | 5 |
| 4 6 7 8 9 | 34 | |
| 1 2 3 4 6 | 16 | |
| 1 2 3 4 5 | 15 | |

This seems a lot to remember, but if you look you can see a pattern. For each group size (the number of linked cells in a group) there are four unique sets: two involving the smaller digits, and two involving the larger digits. Also the sets of length five are the complement of the sets of length four, the sets of length three are the complement of the sets of length six, and the sets of length seven are the complement of the sets of length two.

If you spot a group of linked cells of a size and total that occurs in this table, you can immediately pencil in the given digits into the cells. Sometimes this can be very helpful. In the puzzle below there are many groups that have a unique set of digits. I have shaded them to show them to you:

Although the unique sets will only limit the digits that occur in a cell, in combination with su doku rules 1, 2 and 3 the sets will often allow you to identify the values of particular cells. To see how, read on!

## Playing Tips

### Tip 3. Partner Cells

Partner cells are groups of cells inside a row, column or box where you find a set of digits that only occur within those cells. For example you may find two cells within a row which must contain a given pair of digits. This means that those digits cannot occur anywhere else within the row. Here is a concrete example:

In this row the pair of cells adding up to a group total of 3 must be 1 and 2. This means that the digits 1 and 2 cannot go elsewhere in the row. They have been 'used up'. Similarly the group of three cells adding up to 24 must contain the digits 7, 8 and 9. Since these three cells can only contain these three digits, then those digits cannot occur elsewhere in the row. We can now see that the four cells at the left of the row must be made up from the digits 3, 4, 5 and 6 only:

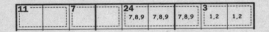

Partner cells can be used to significantly cut down on the possibilities for cells within a row, column or box. But we can do more with tip 4!

## Tip 4. *Every digit has a place*

In normal su doku a lot of emphasis is placed on finding the correct digit for each cell. In killer su doku a lot of useful work can be done simply by reducing the possibilities for each cell down to two or three digits. Unique sets allow us to find pairs of digits that must go in a pair of cells, or triples of digits that must go in a triple of cells. But we can often go a step further. Once these partnered cells have 'used up' the digits they contain they isolate the remaining digits required to complete the row, column or box. If we use the list of remaining digits in combination with the totals on the linked cells we may find further constraints on where they can be placed. Perhaps only some combinations of the remaining digits will fit into the linked cells to make the required totals.

Let us look at the last example again. If we look at where the remaining digits 3, 4, 5 and 6 can go, we find there is only one way in which to use them to make the totals 11 and 7, like this:

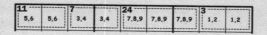

Although we may end up with pairs or triples of possibilities for a cell, in combination with constraints coming from other rows, columns or boxes, this is often enough to reduce the possibilities for a cell to a single digit.

## Su doku tips

Once you have got started with the special strategies of killer su doku, you can also exploit the rules of normal su doku, as these three final tips suggest:

### Tip 5. Elimination

Tip 5 is about looking at a cell and thinking through what values it can take. Look at this fragment of a puzzle. What digit can go in cell A? It can't be 1, 2, 3, 4, 5 or 9 since those digits have already been placed in the top row. It can't be 7 or 8 because those digits are already placed in the same 3x3 box. So it must be 6.

| 5 | 4 | A | 2 |   | 3 | 1 |   | 9 |
|---|---|---|---|---|---|---|---|---|
|   |   | 7 |   |   |   |   |   |   |
|   | 8 |   |   |   |   |   |   |   |

## Tip 6. Placement

Whereas Tip 5 is about looking for a cell which can only take a single digit, Tip 6 is about finding a home for a digit that must go somewhere. Look at this fragment of puzzle. We know that the right 3x3 box must contain a 2, but where does it go? We can eliminate cells A, B and C because that row already contains a 2. Likewise we can eliminate cells D, E and F. Thus there is only one place in the box where the 2 can go: cell G.

|   | 2 |   |   |   |   | A | B | C |
|---|---|---|---|---|---|---|---|---|
|   |   |   |   | 2 |   | D | E | F |
|   |   |   |   |   |   | 3 | G | 4 |

## Tip 7. Constraint

Tip 7 is about looking for a limitation caused by the possible values of empty cells. Sometimes even when a digit can go in more than one cell in a box, you can still use that fact to position a digit elsewhere. Look at this fragment of puzzle. What values go in cells A and B? We know they are a 1 and a 6, but which way around do they go?

| 5 | 2 | 7 |   |   |   | 8 | 3 | 1 |
|---|---|---|---|---|---|---|---|---|
| A | 3 | 4 |   |   |   | 2 | 9 | 5 |
| B | 8 | 9 |   |   |   |   |   |   |

Look at the right box – it doesn't have a 6 and we don't know which cell it goes in. But we do know that the 6 must occupy one of the cells in the bottom row of the box. So that means the bottom row of the puzzle already contains a 6, and in the left box, the 6 must go in cell A.

## *That's it!*

You now have all the information you need to tackle the puzzles in this book. Of course putting all the tips to work takes practice. So the puzzles in this book are organised in increasing order of difficulty, starting with some small 'midi' puzzles to get you used to how killer su doku puzzles work. Then come some 'starter' puzzles which have some initial digits to make it easier to get going with the solution. Then come a block of puzzles which progress in difficulty from easy puzzles having more, smaller groups to difficult puzzles with fewer, larger groups. The book ends with a real challenge: the world's first monster killer su doku! Two 12x12 brain-destroying puzzles. Tackle them if you dare! But have fun trying.

Mark Huckvale
December 2005

# PUZZLES

**1**

**Midi**

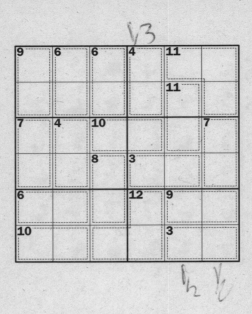

# 3

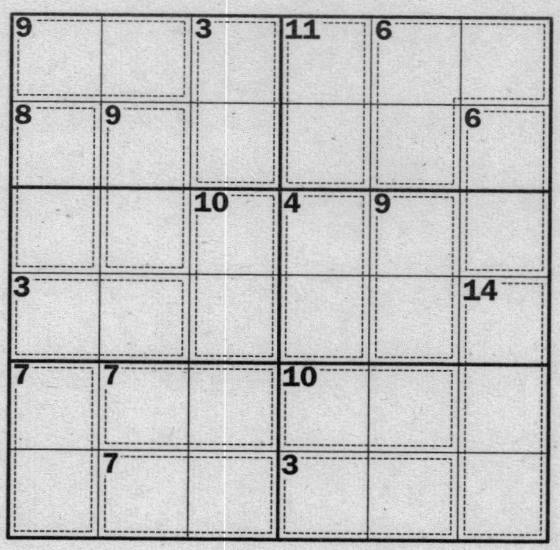

# 4

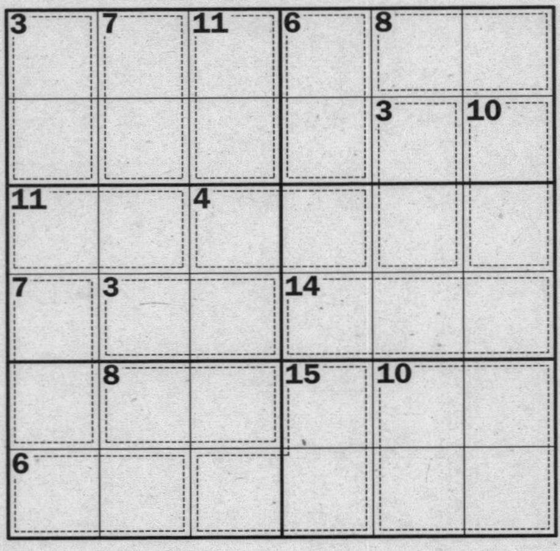

# 5

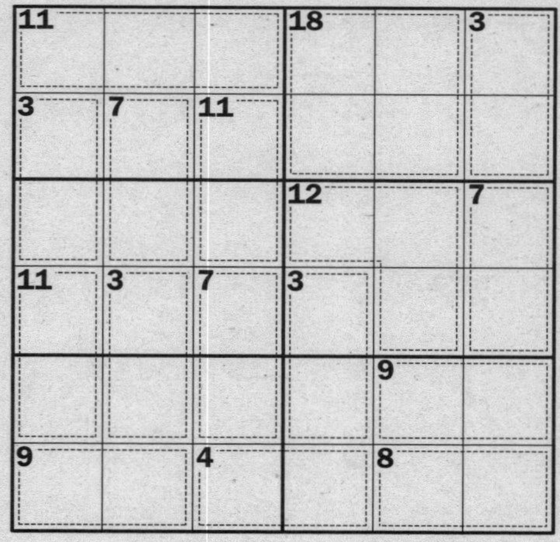


Midi

# 6

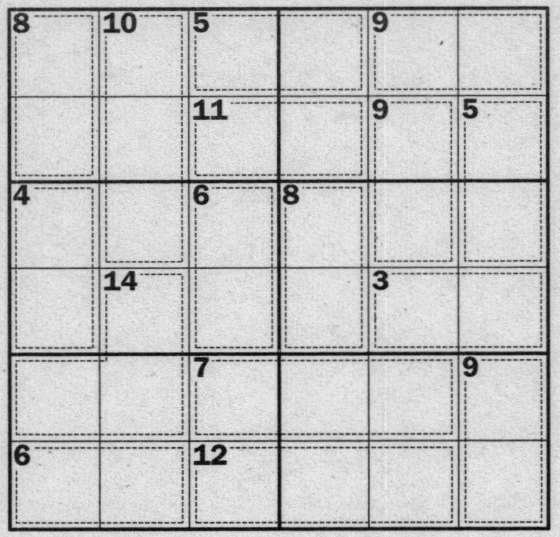

# 7

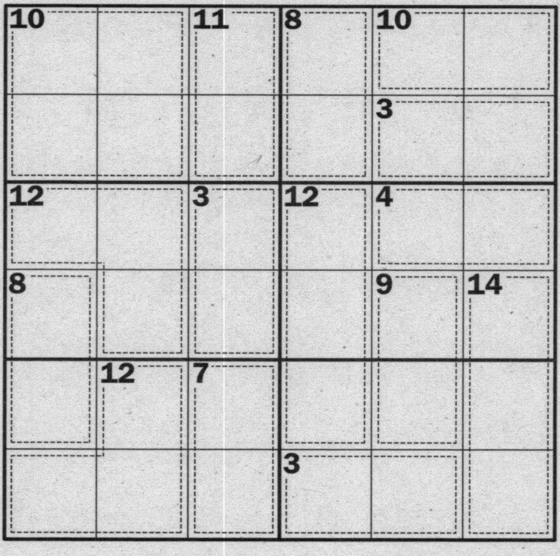


Midi

# 8

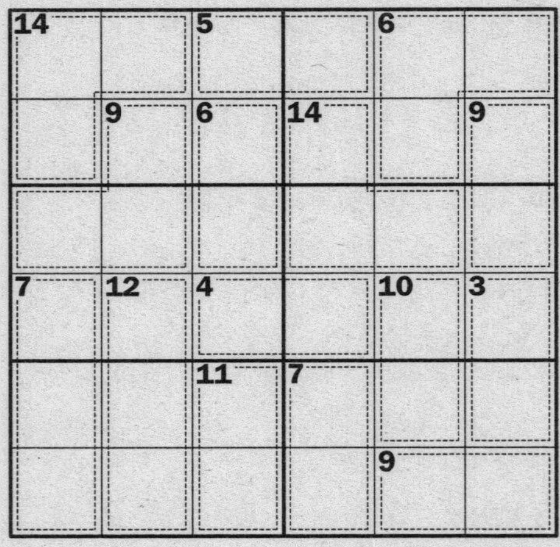

**9**

# 10

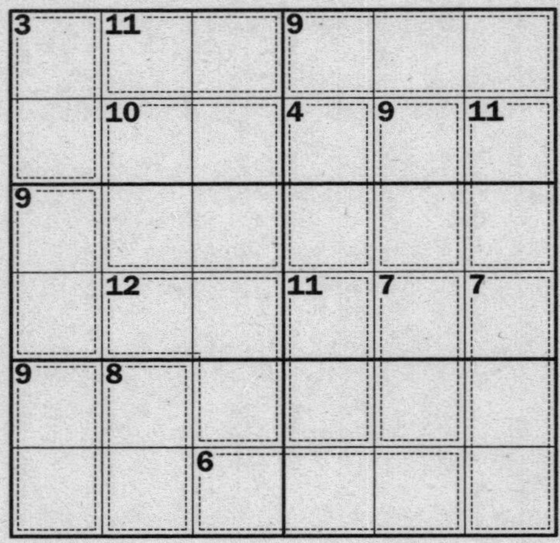

# 11

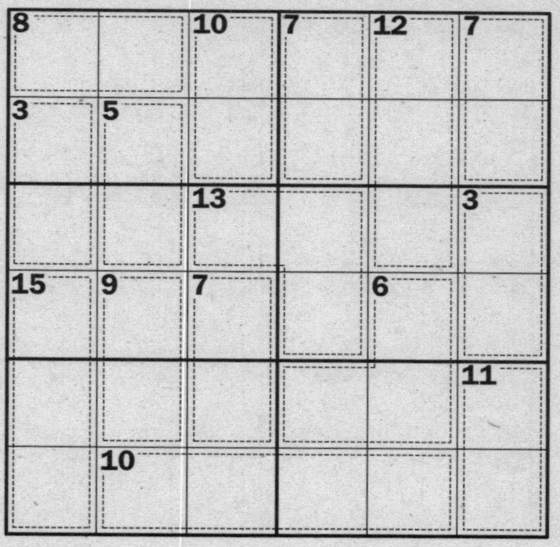


Midi

# 12

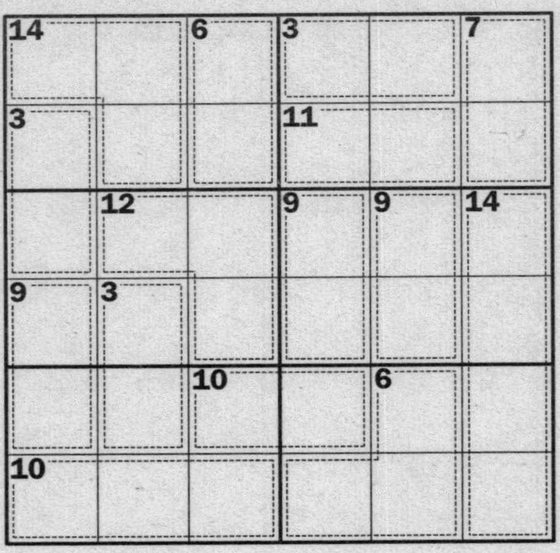

# 13

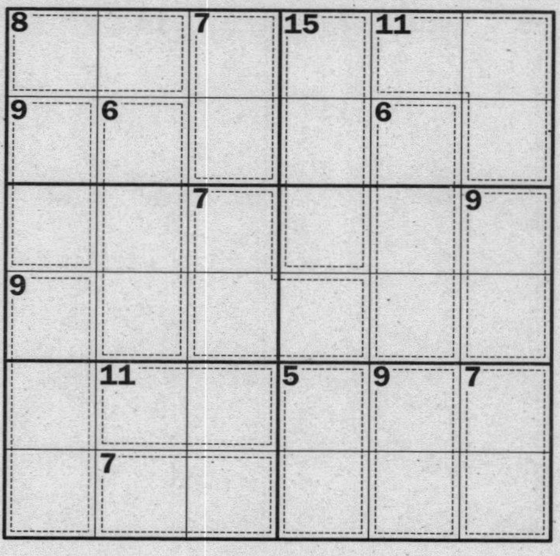


Midi

# 14

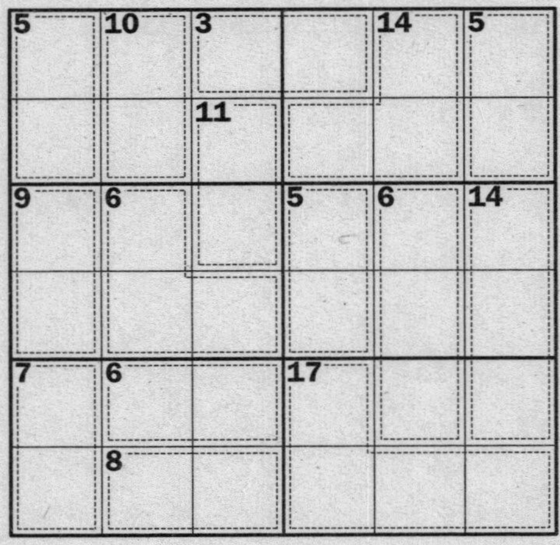

# 15

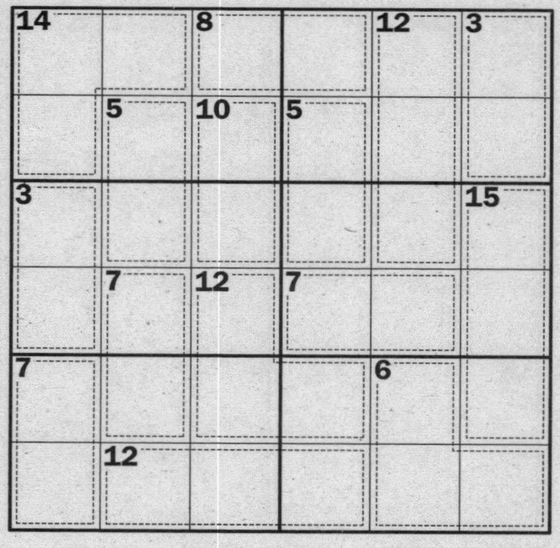


Midi

# 16

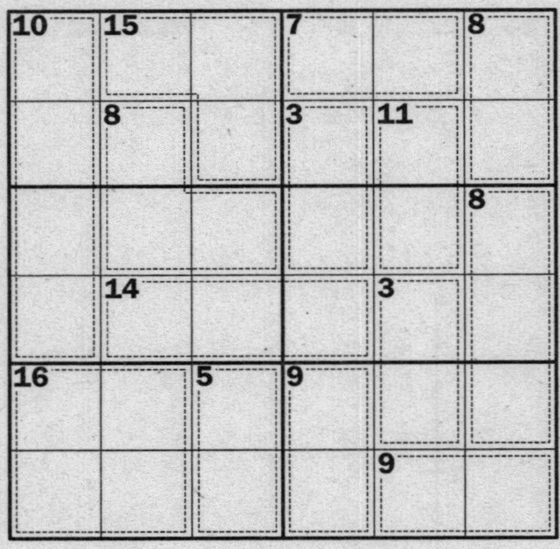

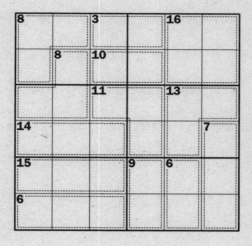

# 18

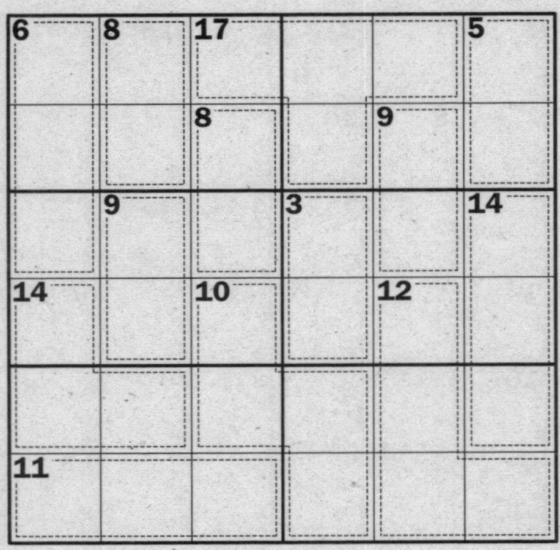

# 19

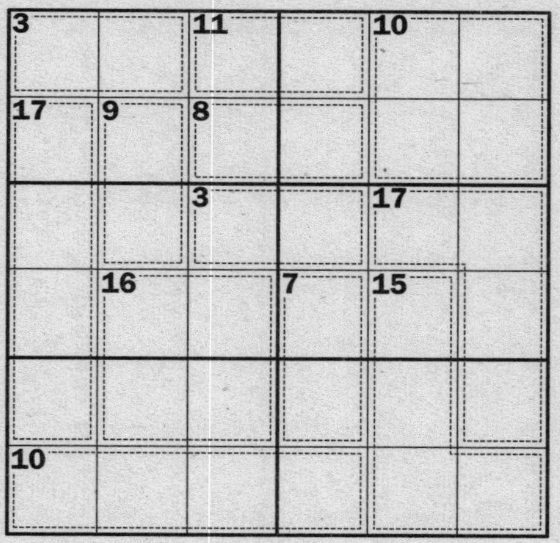


Midi

# 20

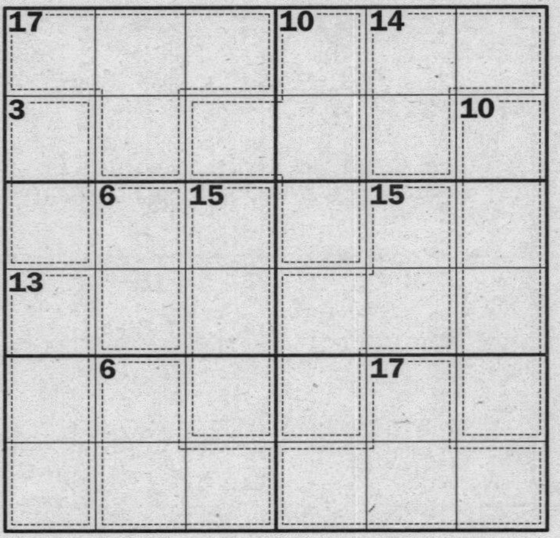

# 21

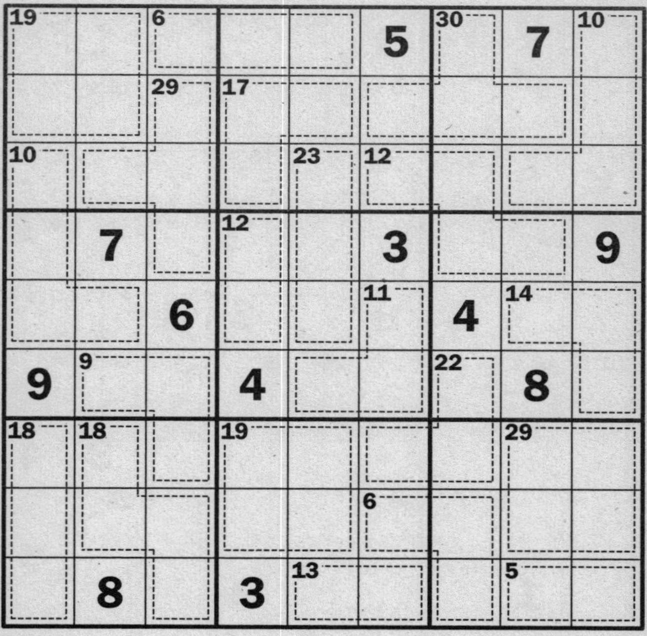
19
6
5
30
7
10
29
17
10
23
12
7
12
3
9
6
11
4
14
9
9
4
22
8
18
18
19
29
6
8
3
13
5

Starter

# 22

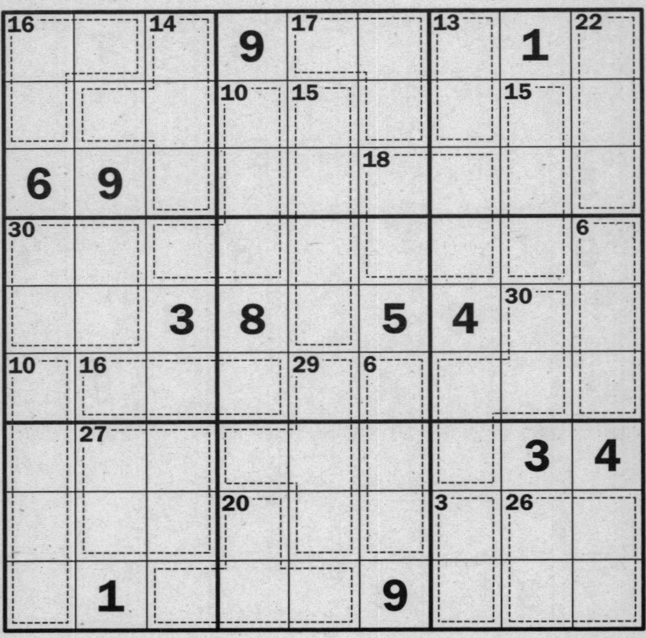

| | | | | | | | |
|---|---|---|---|---|---|---|---|
| 16 | | 18 | | | 11 | 23 | | |
| | 7 | **8** | | 23 | | 7 | 16 | 20 |
| **5** | | **9** | | | | | | |
| **9** | | 21 | **3** | **6** | | | | |
| 21 | | | | 25 | | | | |
| | | 10 | | **2** | **7** | | 29 | **3** |
| 3 | 29 | | | 22 | | **5** | | **4** |
| | | 19 | | 8 | | **6** | | |
| | | | | | 10 | | | |

# 24

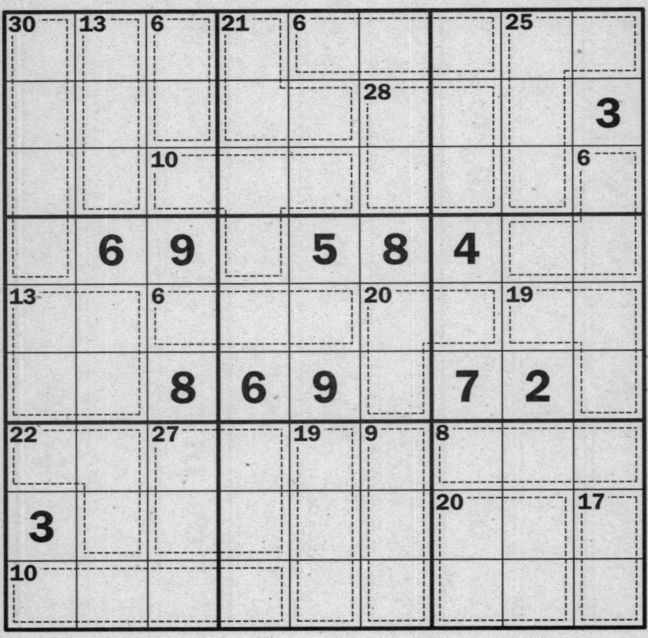

# 25

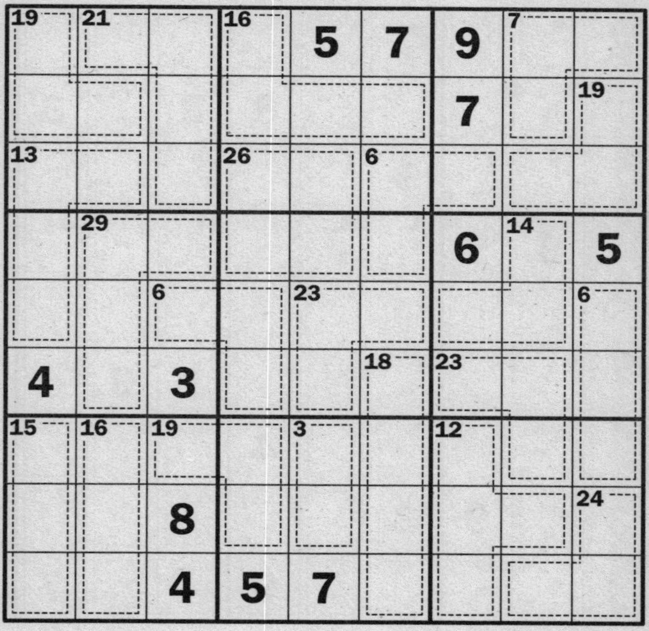

Starter

| 2 | 18 | 12 | 7 | 11 | 22 | | | 23 |
|---|----|----|---|----|----|---|---|----|
|   |    |    |   |    | 8  | 3 |   |    |
| 25 |   |    | 9 |    | 10 |   |   |    |
| 21 | 4 |   | 11 | 28 | 11 | 24 |  | 11 |
|   |   | 3 |   |    |    |   |   |    |
| 29 |   |   | 16 |   |    |   | 6 |    |
|   | 6 |   |   |    | 4  | 14 | 21 |   |
|   | 9 | 3 |   |    |    |   |   |    |
|   |   | 10 |  |    | 9  | 8 |   | 7 |

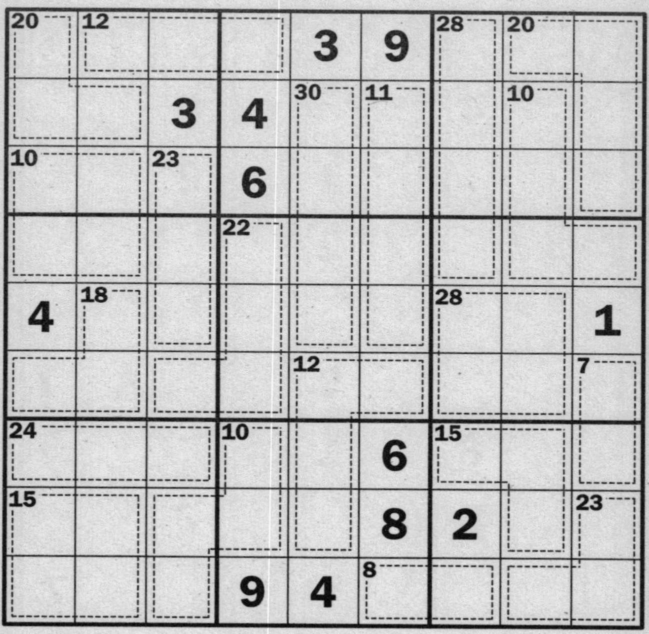
20 12 3 9 28 20
3 4 30 11 10
10 23 6
22
4 18 28 1
12 7
24 10 6 15
15 8 2 23
9 4 8

# 28

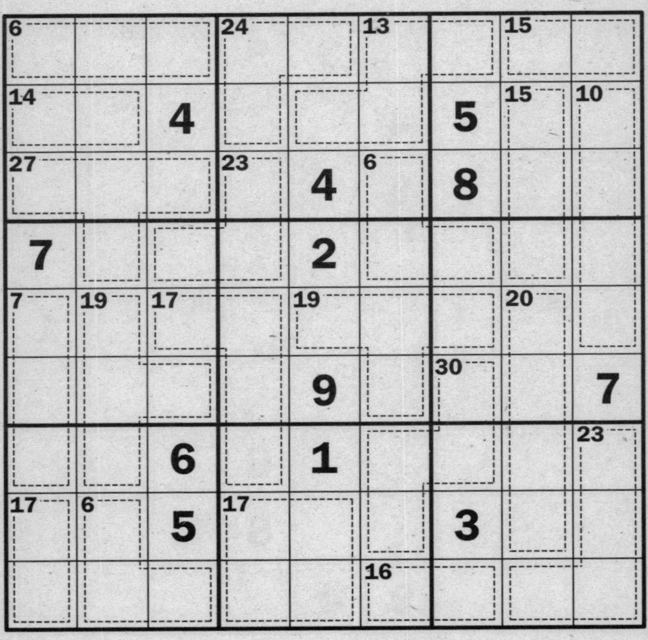

# 29

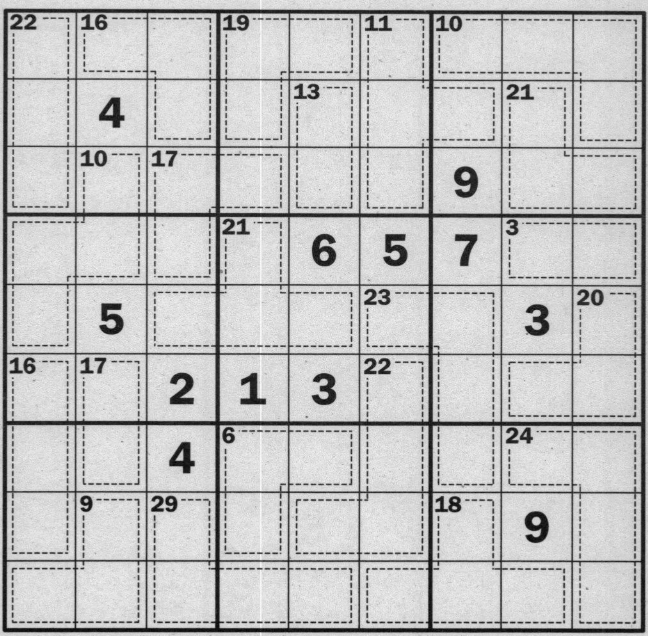

Starter

# 30

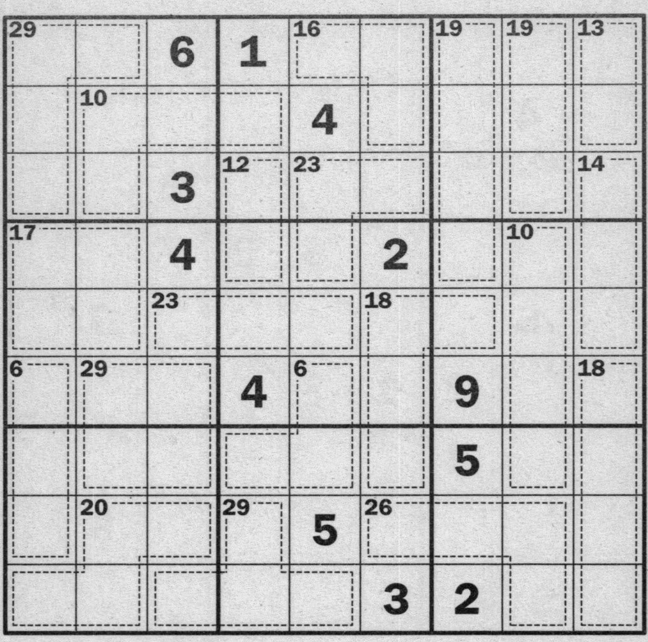

# 31

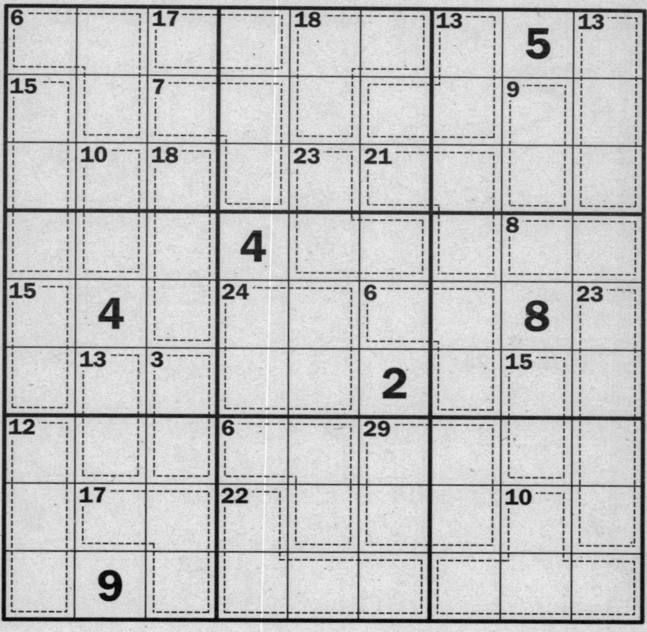

Starter

# 32

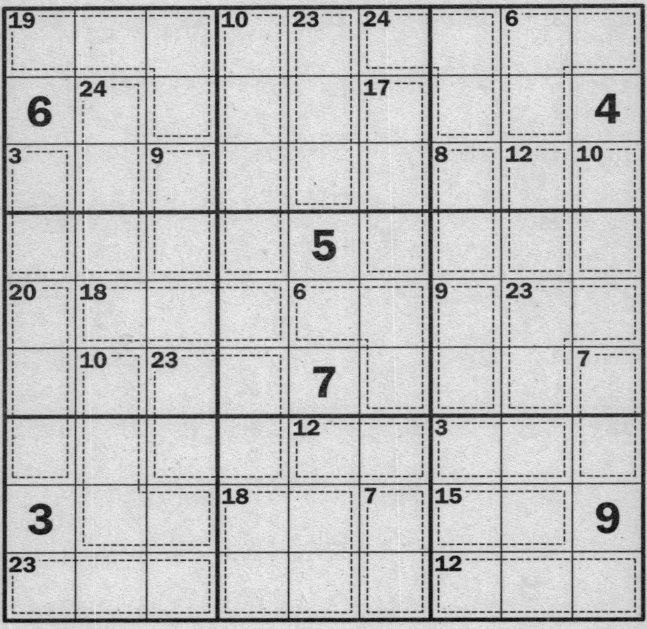
19 10 23 24 6
6 24 17 4
3 9 8 12 10
5
20 18 6 9 23
10 23 7 7
12 3
3 18 7 15 9
23 12

33

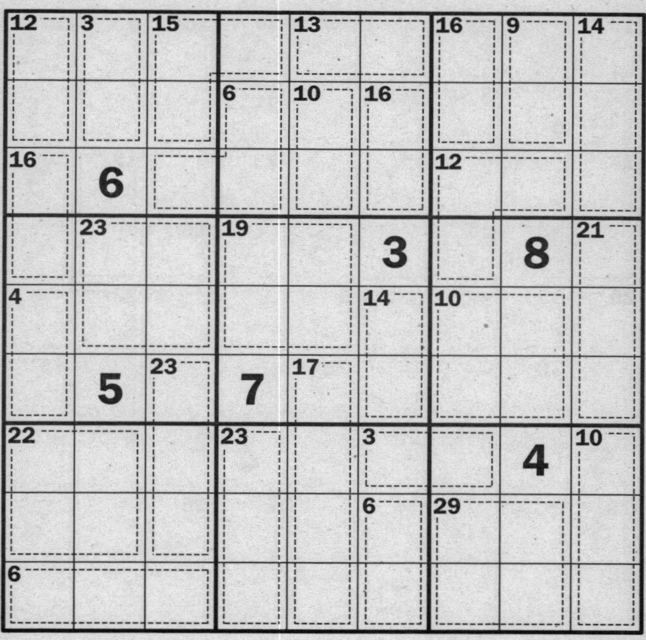
12 3 15 13 16 9 14
6 10 16
16 6 12
23 19 3 8 21
4 14 10
5 23 7 17
22 23 3 4 10
6 29
6

Starter

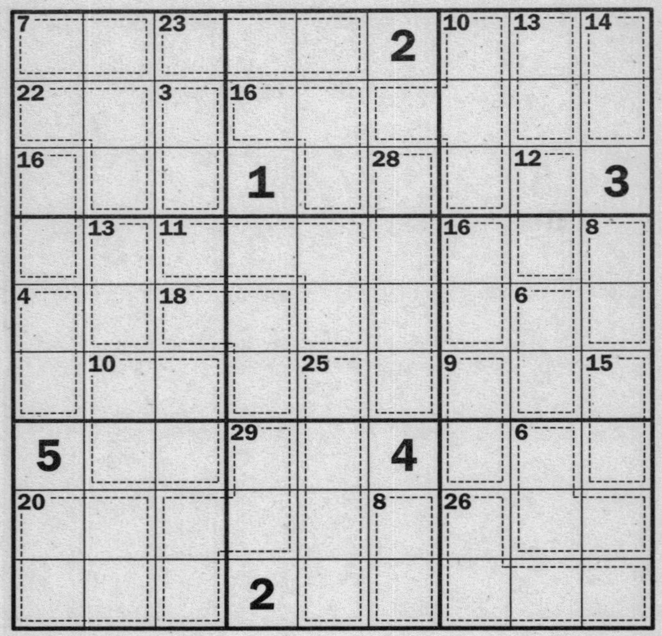

# 35

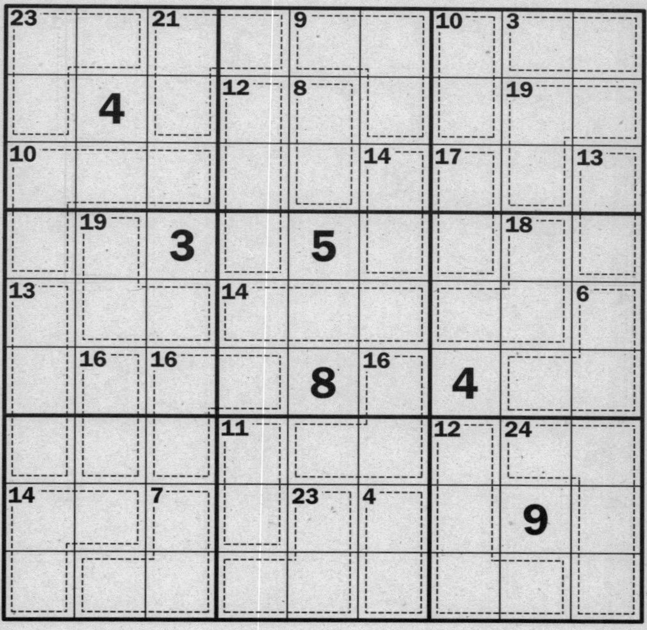
23 21 9 10 3
4 12 8 19
10 14 17 13
19 3 5 18
13 14 6
16 16 8 16 4
11 12 24
14 7 23 4 9

Starter

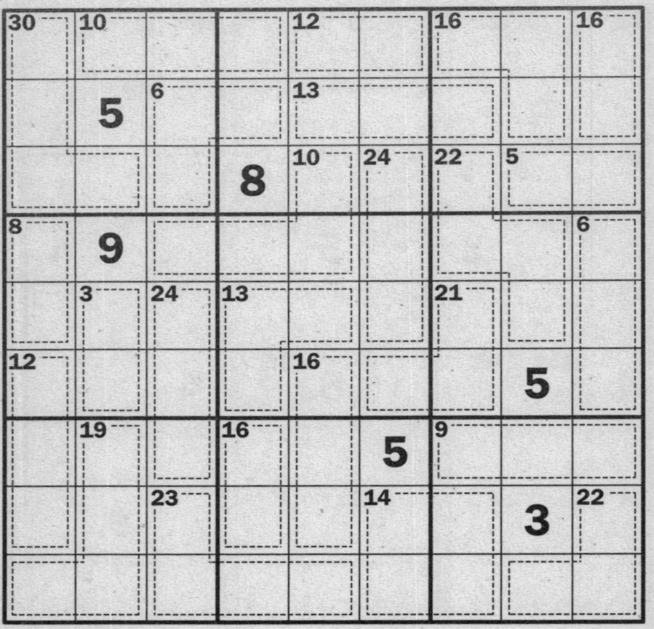
30 10 12 16 16
5 6 13
8 10 24 22 5
8 9 6
3 24 13 21
12 16 5
19 16 5 9
23 14 3 22

| 24 | | 10 | | 23 | | 8 | 13 | |
|----|----|----|----|----|----|----|----|----|
| | | | | | 24 | | | 10 |
| 16 | | 30 | | 10 | | | | |
| | 11 | 9 | | | 13 | 7 | | 4 |
| | | | | | | | 15 | |
| 4 | 29 | | | | 12 | 3 | 23 | |
| 6 | | 6 | | | | 12 | 11 | |
| | 18 | | | 15 | | | | 14 |
| | | 7 | 18 | | | | | |

# 38

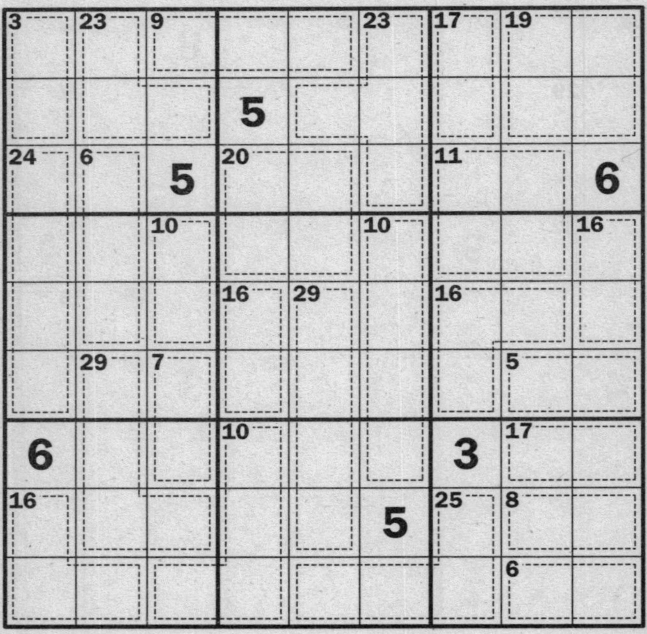

| 10 | | 16 | 21 | | 14 | 14 | | 12 |
|---|---|---|---|---|---|---|---|---|
| 6 | 29 | | | | | | | |
| | | | 3 | 5 | 15 | | 23 | |
| 12 | | | | | | **6** | **5** | |
| | | | **6** | 21 | **9** | 16 | 3 | 10 |
| 24 | **3** | **8** | 29 | | 6 | | | |
| | 12 | | | | | 13 | | |
| | | 15 | | 10 | | 29 | | |
| | | | | | | | | |

# 40

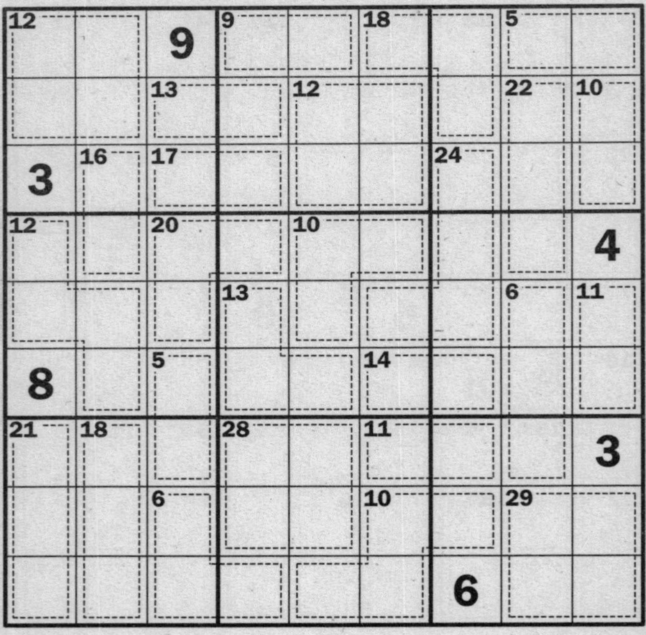
12
9
9
18
5
13
12
22
10
3
16
17
24
12
20
10
4
13
6
11
8
5
14
21
18
28
11
3
6
10
29
6

# 41

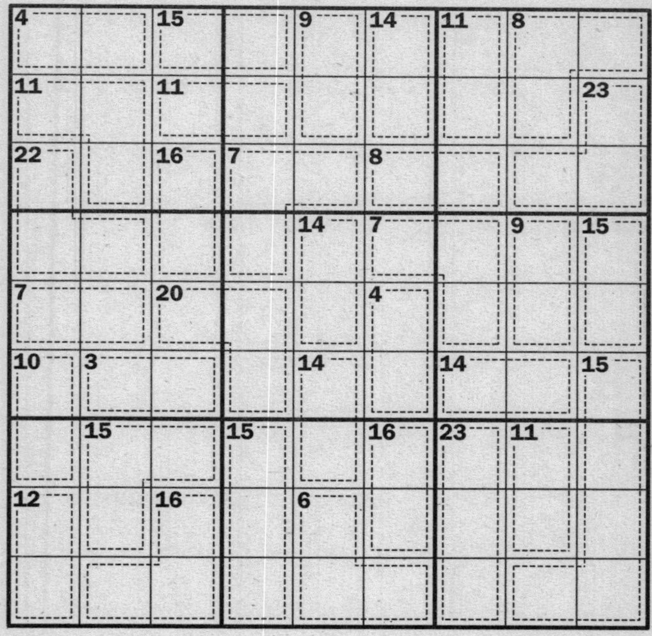
4 15 9 14 11 8
11 11 23
22 16 7 8
14 7 9 15
7 20 4
10 3 14 14 15
15 15 16 23 11
12 16 6

Easy

# 42

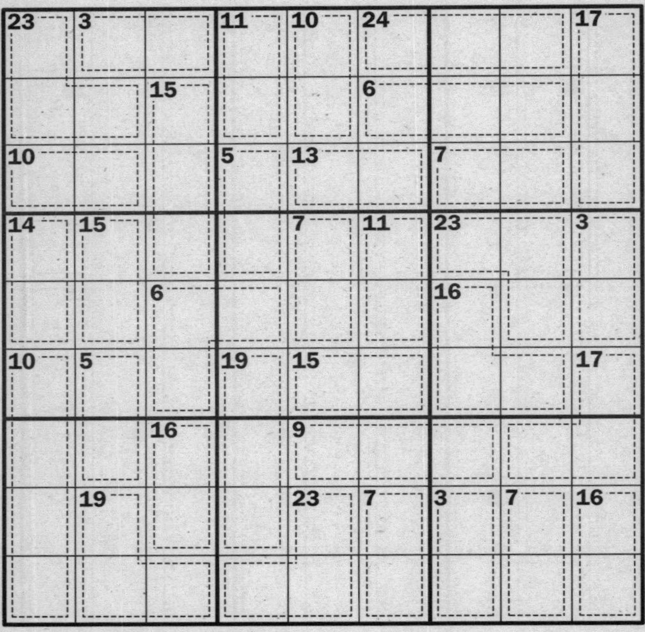
23 3 11 10 24 17
15 6
10 5 13 7
14 15 7 11 23 3
6 16
10 5 19 15 17
16 9
19 23 7 3 7 16

43

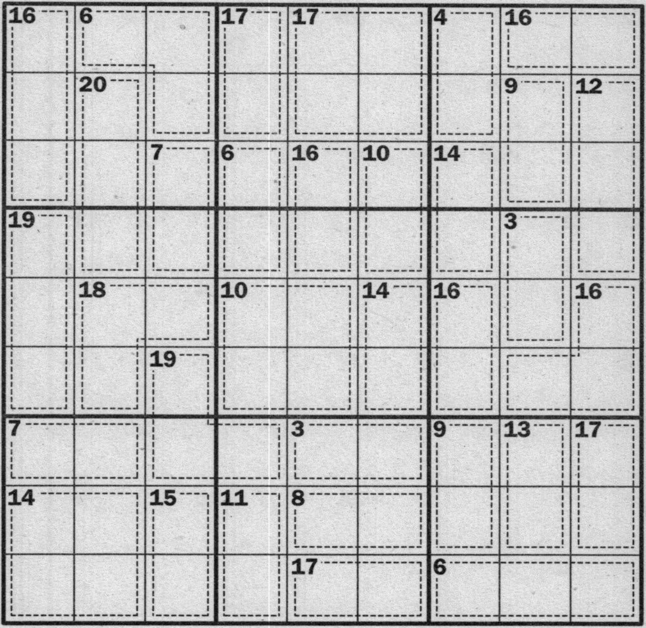
16 6 17 17 4 16
20 9 12
7 6 16 10 14
19 3
18 10 14 16 16
19
7 3 9 13 17
14 15 11 8
17 6

**Easy**

# 44

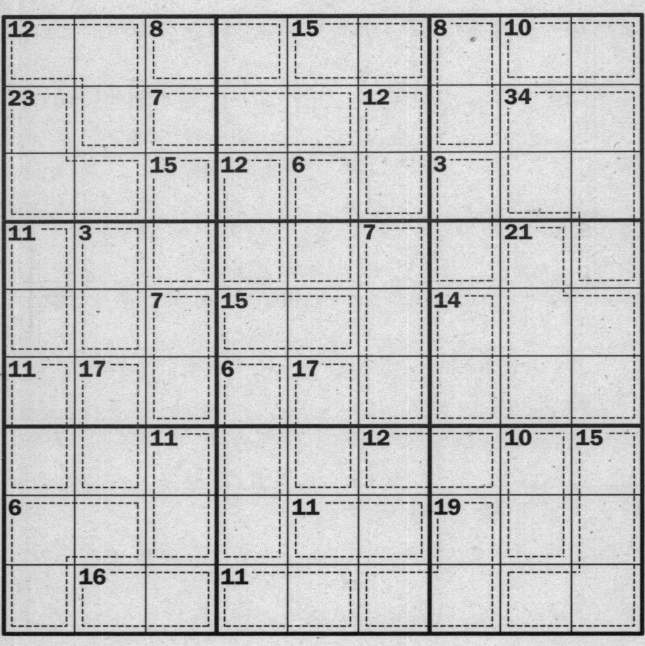
12 8 15 8 10
23 7 12 34
15 12 6 3
11 3 7 21
7 15 14
11 17 6 17
11 12 10 15
6 11 19
16 11

# 45

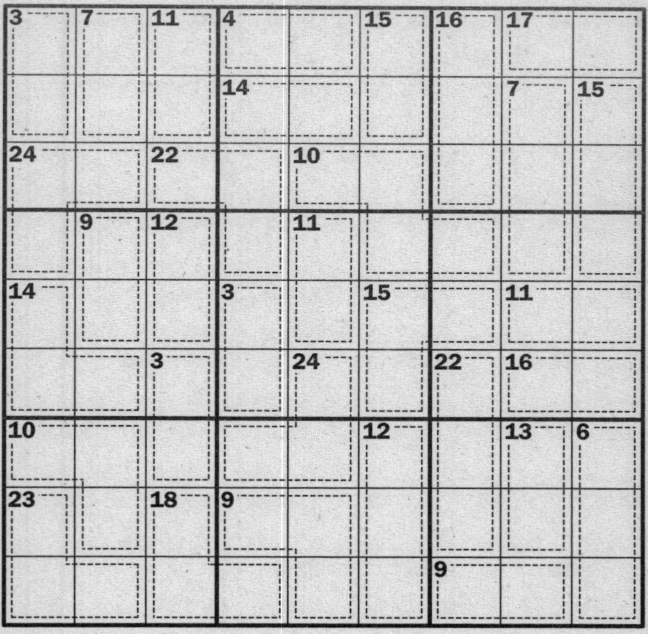
3 7 11 4 15 16 17
14 7 15
24 22 10
9 12 11
14 3 15 11
3 24 22 16
10 12 13 6
23 18 9
9

Easy

# 46

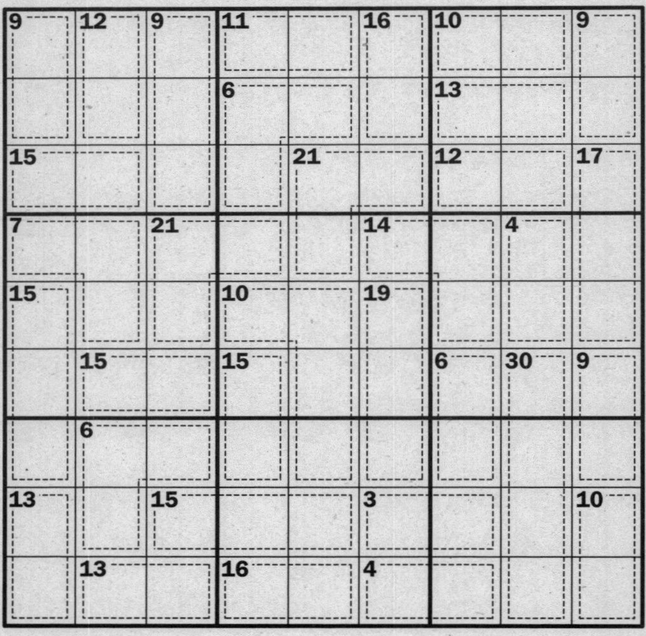
9 12 9 11 16 10 9
6 13
15 21 12 17
7 21 14 4
15 10 19
15 15 6 30 9
6
13 15 3 10
13 16 4

# 47

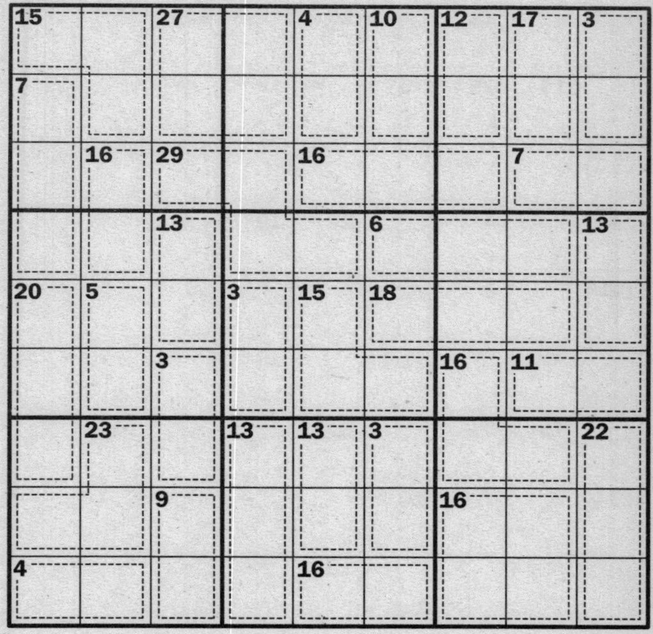

Easy

# 48

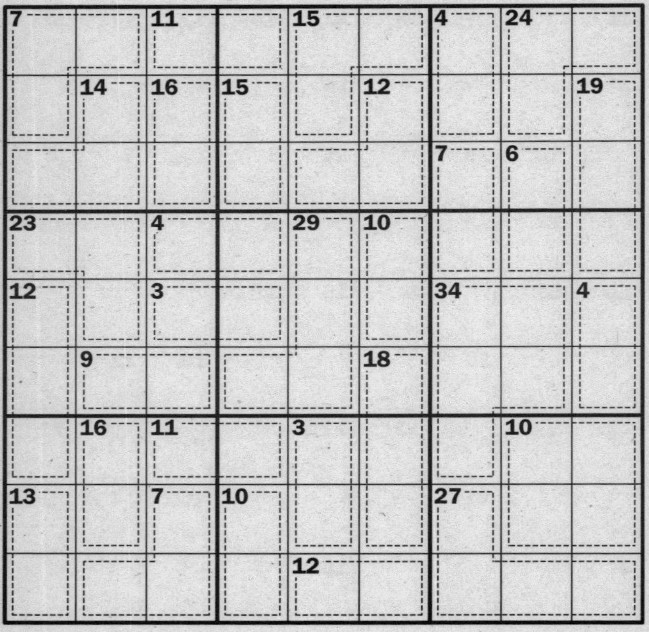
7 11 15 4 24
14 16 15 12 19
7 6
23 4 29 10
12 3 34 4
9 18
16 11 3 10
13 7 10 27
12

# 49

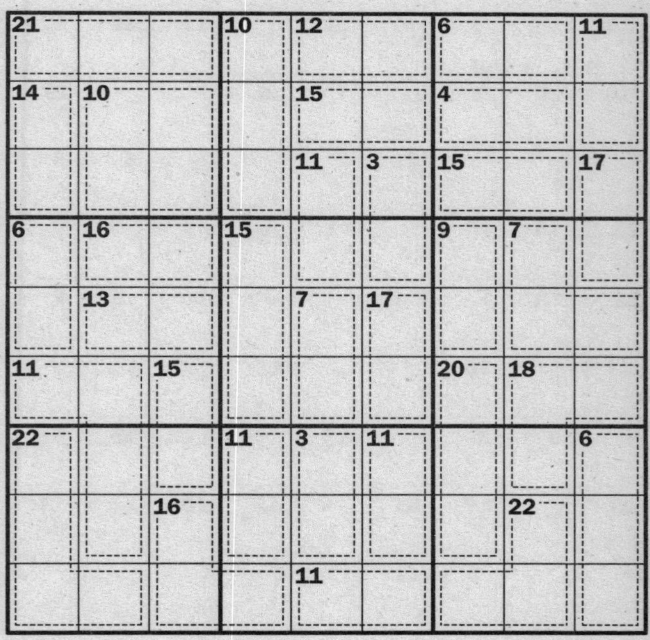
21 10 12 6 11
14 10 15 4
11 3 15 17
6 16 15 9 7
13 7 17
11 15 20 18
22 11 3 11 6
16 22
11

Easy

# 50

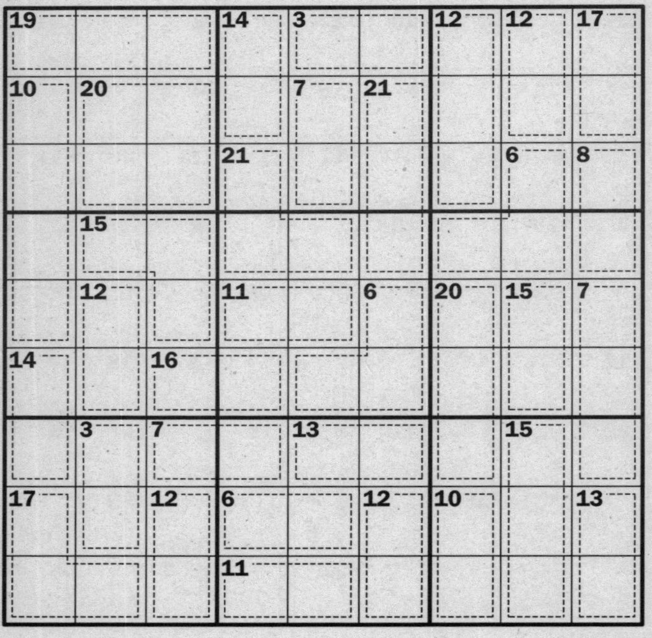
19 14 3 12 12 17
10 20 7 21
21 6 8
15
12 11 6 20 15 7
14 16
3 7 13 15
17 12 6 12 10 13
11

51

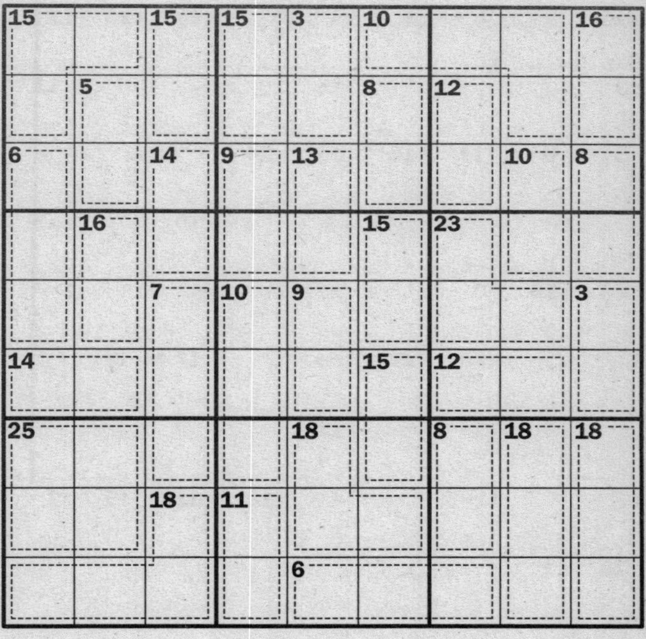
15 15 15 3 10 16
5 8 12
6 14 9 13 10 8
16 15 23
7 10 9 3
14 15 12
25 18 8 18 18
18 11
6

Easy

# 52

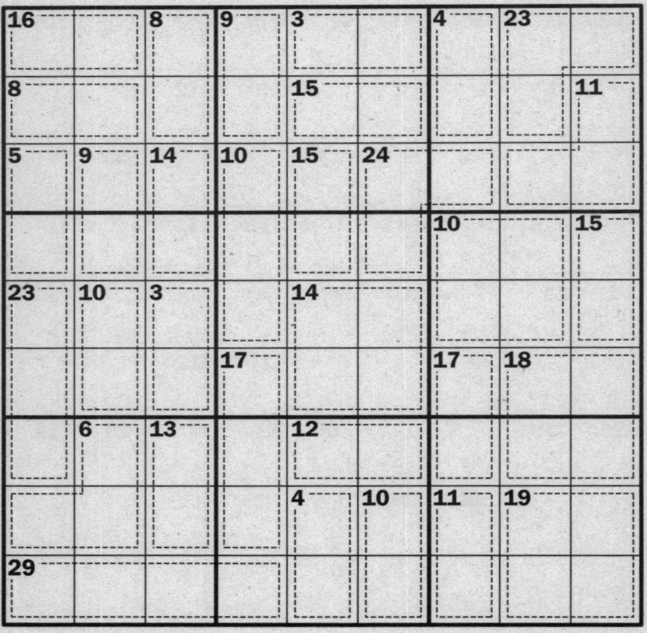
16
8
9
3
4
23
8
15
11
5
9
14
10
15
24
10
15
23
10
3
14
17
17
18
6
13
12
4
10
11
19
29

# 53

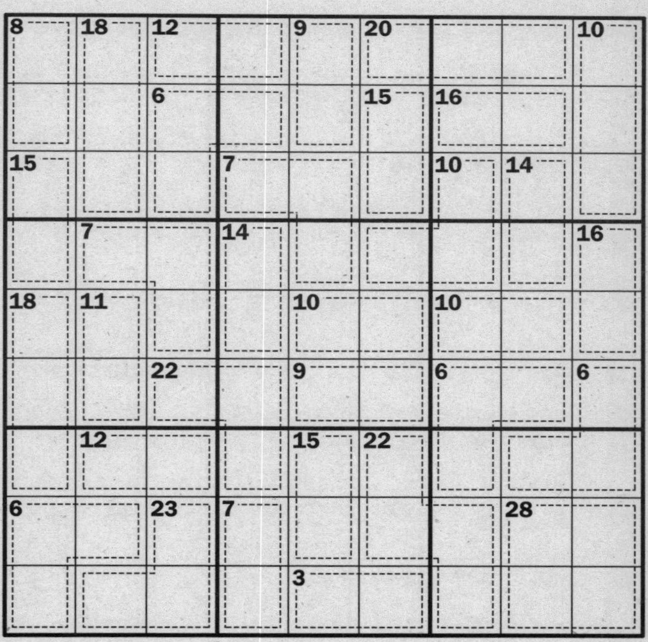
8
18
12
9
20
10
6
15
16
15
7
10
14
7
14
16
18
11
10
10
22
9
6
6
12
15
22
6
23
7
28
3

Easy

| 15 | 9 | 14 | | 16 | 10 | | | |
| | | 11 | | | 4 | | 21 | |
| 6 | 10 | 3 | 18 | | 21 | | | 29 |
| | | | 6 | | | | | |
| 23 | | | | 6 | 13 | 24 | | |
| 15 | 4 | | 13 | | | | 10 | |
| | 10 | 9 | | | | | 10 | |
| | | 13 | | 23 | | | 12 | 3 |
| | 16 | | 8 | | | | | |

| 5 | 12 | | 6 | | | 19 | | 16 |
|---|----|--|---|--|--|----|--|----|
| | 5 | | 11 | 28 | | | | |
| 23 | 14 | 13 | | | 7 | | 6 | |
| | | | 12 | | | 9 | | 18 |
| | | 15 | 10 | 9 | 13 | | | |
| 19 | | | | | | 13 | 24 | |
| | | 7 | 3 | | 13 | | | 14 |
| 3 | | | 10 | | | 13 | | |
| 11 | | 24 | | | | | | |

# 56

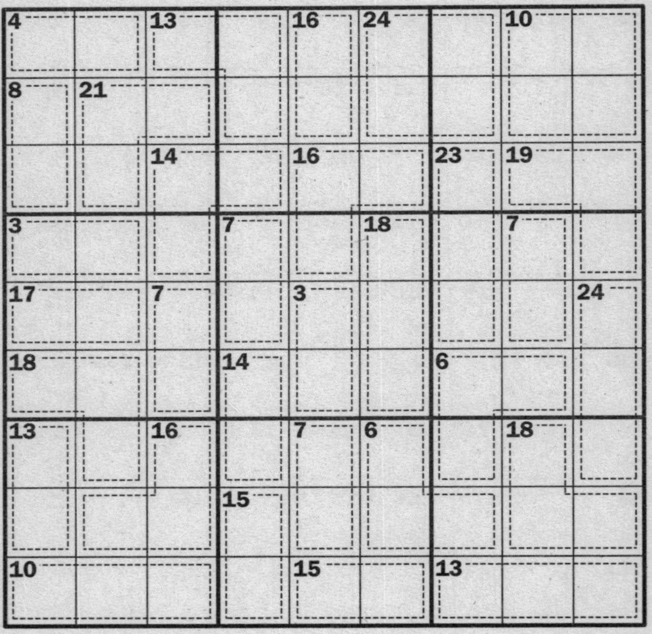
4
13
16
24
10
8
21
14
16
23
19
3
7
18
7
17
7
3
24
18
14
6
13
16
7
6
18
15
10
15
13

| 20 | | 17 | 20 | 6 | 15 | | 15 | |
| 7 | | | | | | | | 16 |
| | 3 | | | 22 | 13 | 6 | | |
| 16 | | 11 | | | | | 23 | 7 |
| | 6 | | 6 | | | | | |
| 23 | 17 | | | | 21 | 24 | 11 | 3 |
| | | | 6 | 12 | | | | |
| 6 | | 17 | | | | | | 11 |
| | | | 15 | | | 10 | | |

# 58

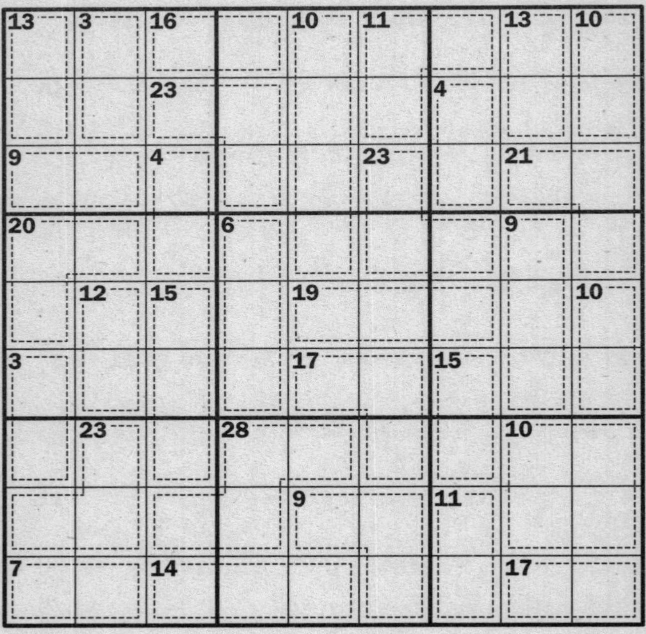
13 3 16 10 11 13 10
23 4
9 4 23 21
20 6 9
12 15 19 10
3 17 15
23 28 10
9 11
7 14 17

# 59

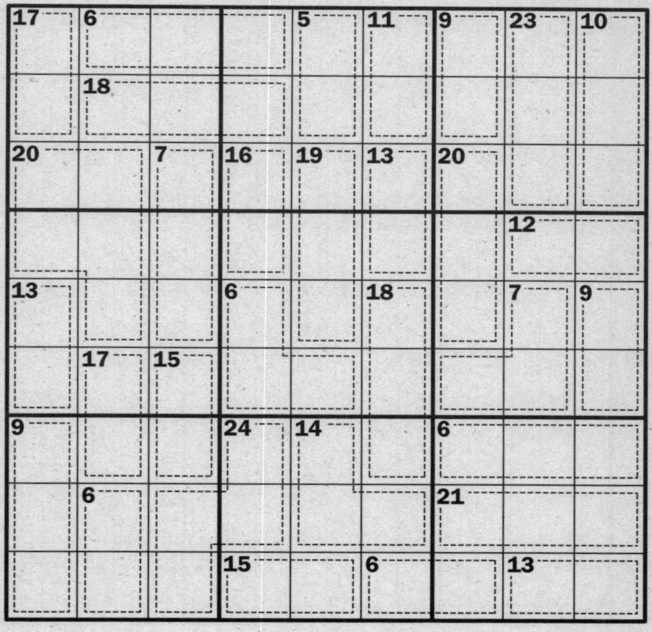

17 6 5 11 9 23 10
18
20 7 16 19 13 20
12
13 6 18 7 9
17 15
9 24 14 6
6 21
15 6 13


Easy

# 60

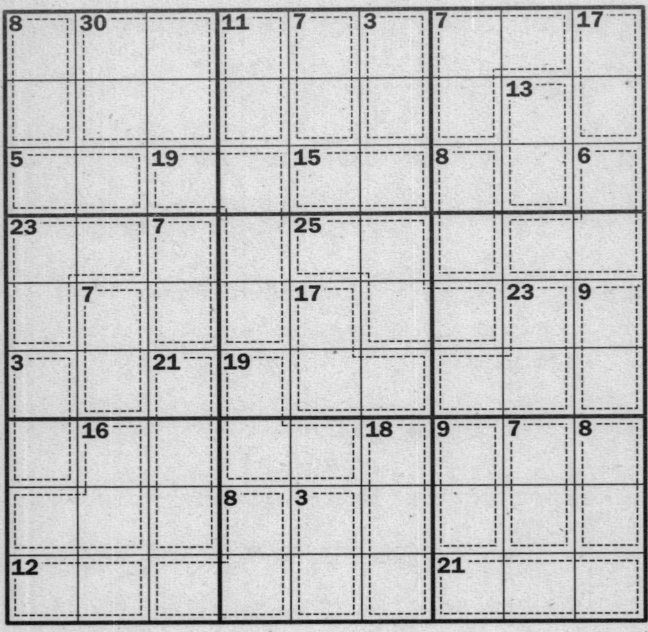

# 61

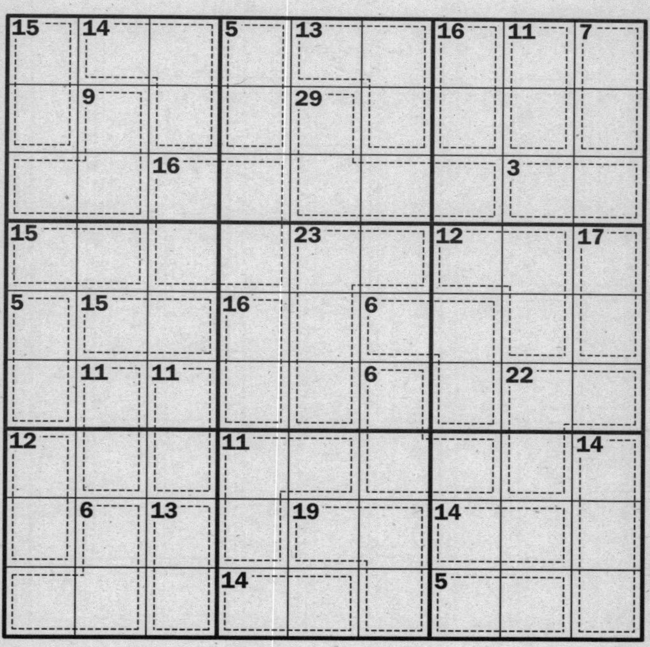
15 14 5 13 16 11 7
9 29
16 3
15 23 12 17
5 15 16 6
11 11 6 22
12 11 14
6 13 19 14
14 5

Easy

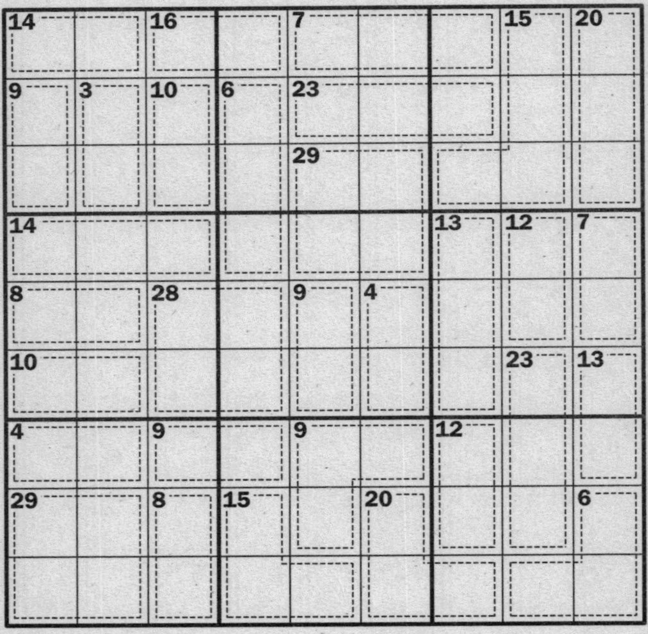
14 16 7 15 20
9 3 10 6 23
29
14 13 12 7
8 28 9 4
10 23 13
4 9 9 12
29 8 15 20 6

| 23 | | | 10 | | 11 | | 21 | 6 |
| 10 | | | | 15 | 15 | | | |
| 29 | 5 | | 11 | | | 4 | | 17 |
| | 8 | | | 9 | | | 23 | |
| | 9 | 4 | 15 | 6 | | | | 10 |
| | | | | 9 | | 24 | | |
| 7 | 18 | | | 18 | | | | |
| | 14 | 19 | | | | 11 | 13 | |
| | 11 | | | | | | | |

# 64

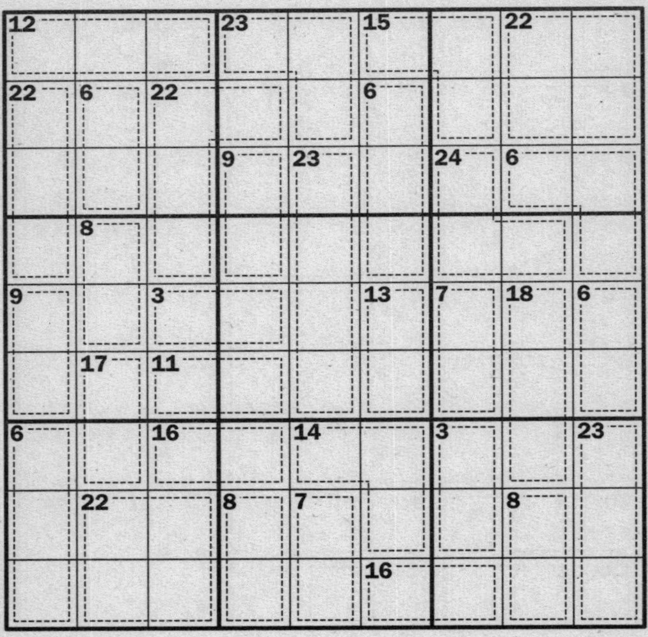

# 65

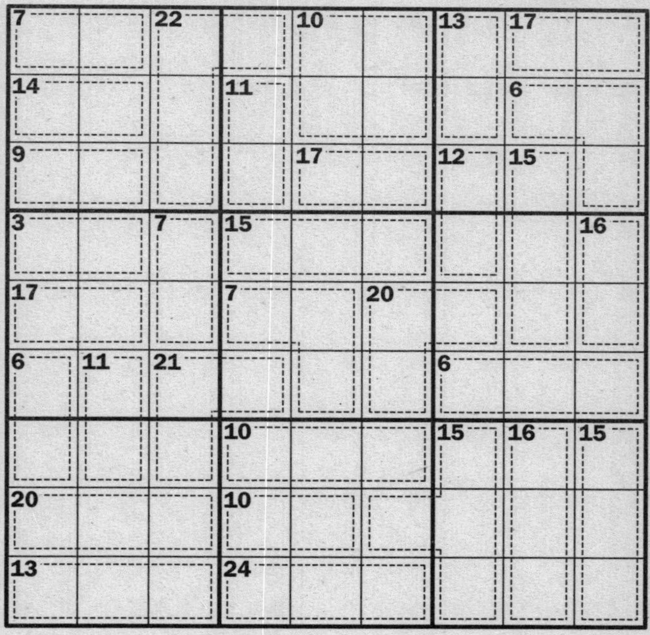
7
22
10
13
17
14
11
6
9
17
12
15
3
7
15
16
17
7
20
6
11
21
6
10
15
16
15
20
10
13
24

Easy

| 18 | | 16 | 11 | | 17 | 3 | 7 | 12 |
|----|---|----|----|---|----|---|---|----|
|    | 3 |    | 17 |   |    |   |   |    |
| 12 |   | 29 |    |   | 13 |   | 23 |   |
|    |   |    |    |   |    | 23 |   |   |
|    |   | 14 |    | 23 |   |    |   | 3 |
| 3  | 17 |   |    | 12 |   | 16 |   |   |
|    |   | 5 | 13 | 9  |   |    | 15 |   |
| 27 |   |   |    | 30 |   |    | 3 | 7 |
|    |   | 4 |    |    |   |    |   |   |

# 67

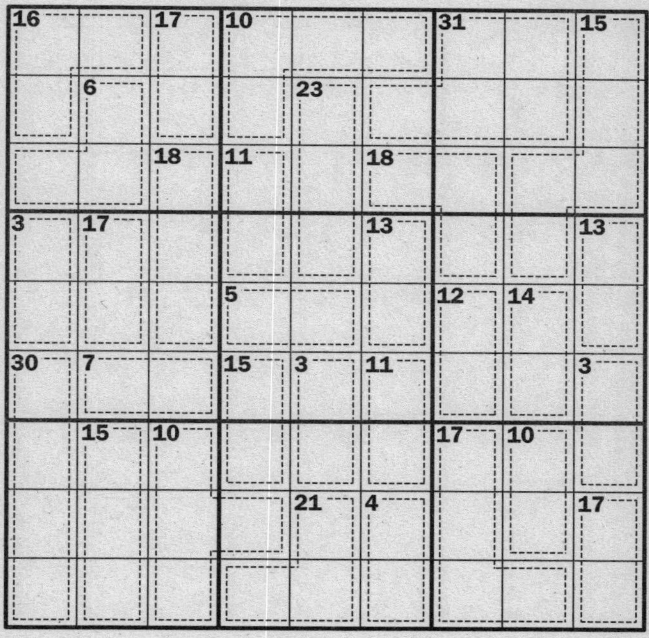
16 17 10 31 15
6 23
18 11 18
3 17 13 13
5 12 14
30 7 15 3 11 3
15 10 17 10
21 4 17

Easy

The Big Book of Killer Su Doku

# 69

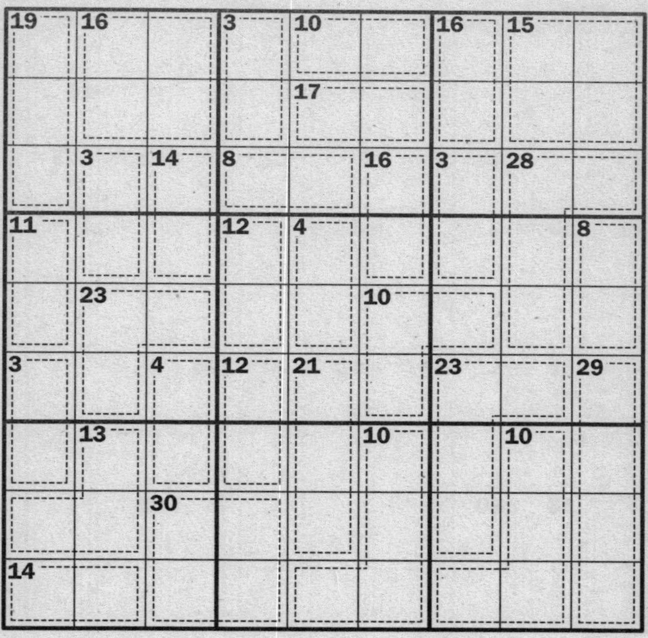
19
16
3
10
16
15
17
3
14
8
16
3
28
11
12
4
8
23
10
3
4
12
21
23
29
13
10
10
30
14

Easy

# 70

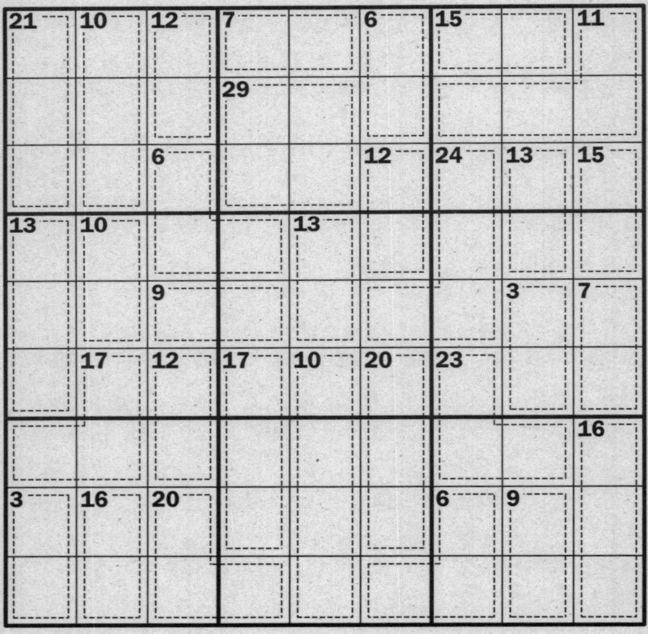
21 10 12 7 6 15 11
29
6 12 24 13 15
13 10 13
9 3 7
17 12 17 10 20 23
16
3 16 20 6 9

| 20 | | | | 16 | 23 | 20 | | 16 |
| 20 | | | 9 | | | 3 | | |
| 8 | | | | | | | | 26 |
| 17 | 6 | 4 | | | 12 | | 3 | |
| | | 18 | | 12 | 16 | | | |
| 16 | 9 | 3 | | | 3 | 34 | | |
| | | | 13 | | | | | |
| | | 16 | 14 | 10 | 18 | | | 6 |
| 14 | | | | | | | | |

# 72

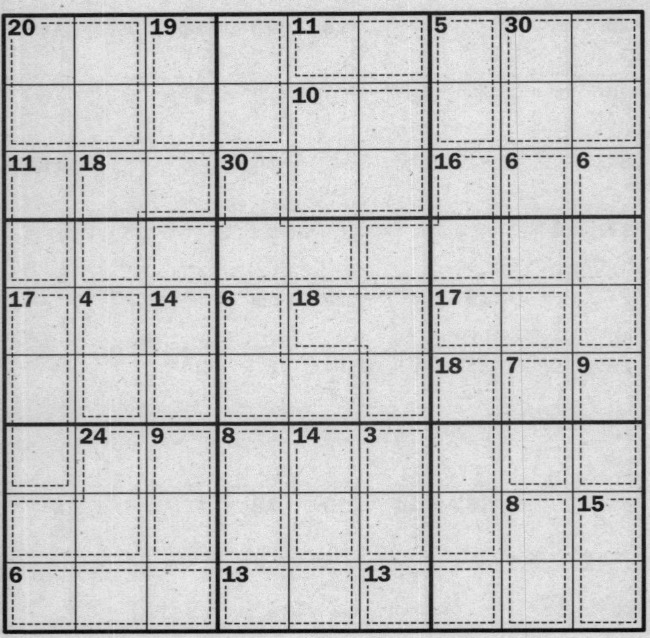
20 19 11 5 30
10
11 18 30 16 6 6
17 4 14 6 18 17
18 7 9
24 9 8 14 3
8 15
6 13 13

# 73

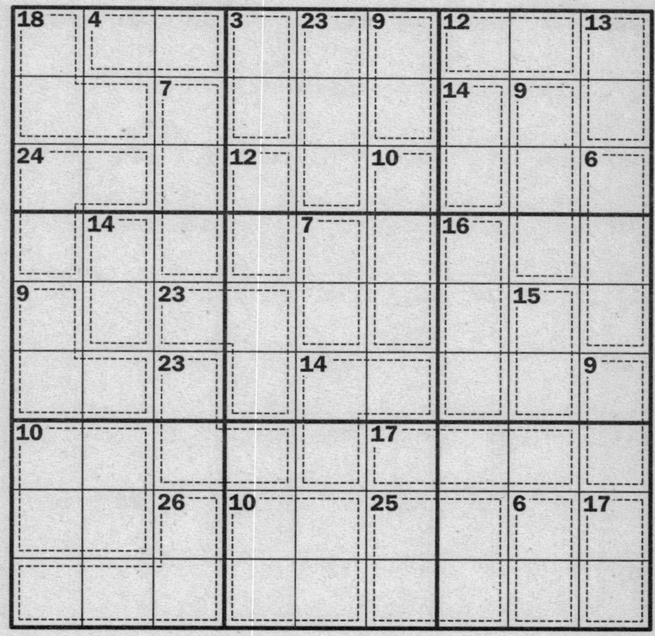
18 4 3 23 9 12 13
7 14 9
24 12 10 6
14 7 16
9 23 15
23 14 9
10 17
26 10 25 6 17

Easy

# 74

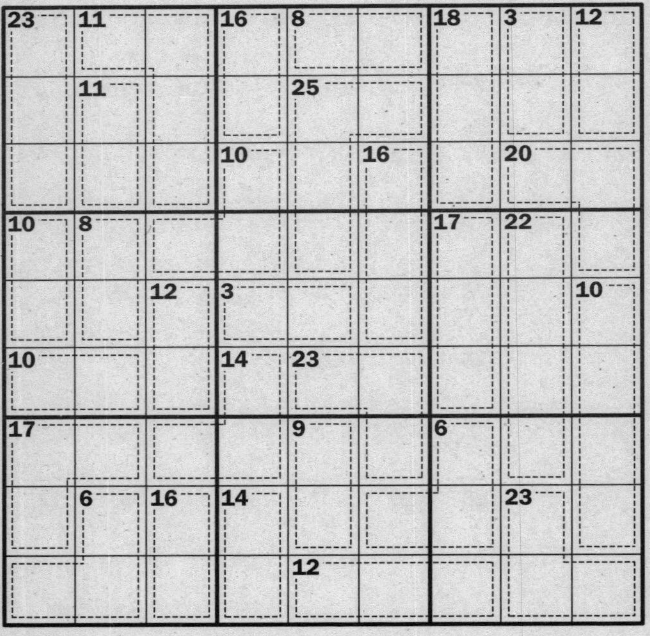
23 11 16 8 18 3 12
11 25
10 16 20
10 8 17 22
12 3 10
10 14 23
17 9 6
6 16 14 23
12

| 10 | 14 | 4 | | 5 | 11 | 16 | 6 | 23 |
|---|---|---|---|---|---|---|---|---|
| | | 15 | | | | | | |
| 9 | 11 | 15 | 3 | 18 | | 20 | | |
| | | | | 23 | | | | |
| 9 | 6 | 6 | | | | | 22 | 6 |
| | | 13 | 24 | 14 | | | | |
| 23 | | | | 6 | 12 | | | |
| | 26 | | | | | | 24 | |
| | | | 11 | | | | | |

Easy

# 76

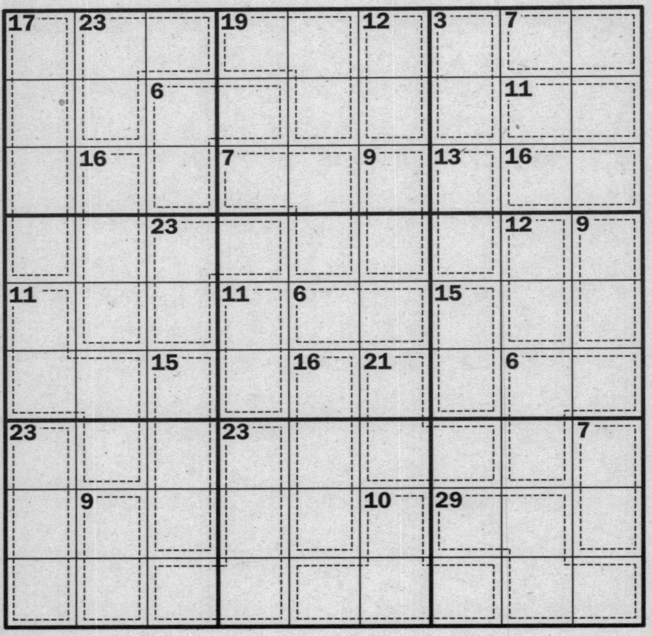

17
23
19
12
3
7
6
11
16
7
9
13
16
23
12
9
11
11
6
15
15
16
21
6
23
23
7
9
10
29

# 77

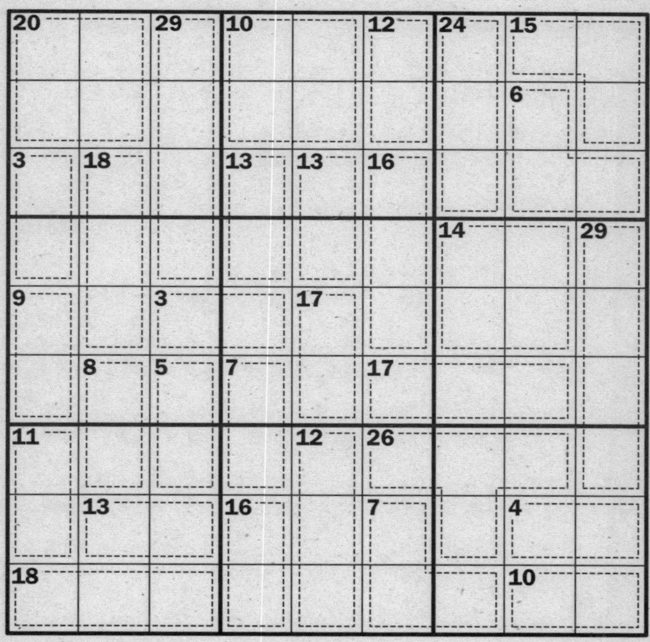
20 29 10 12 24 15
6
3 18 13 13 16
14 29
9 3 17
8 5 7 17
11 12 26
13 16 7 4
18 10

**Easy**

# 78

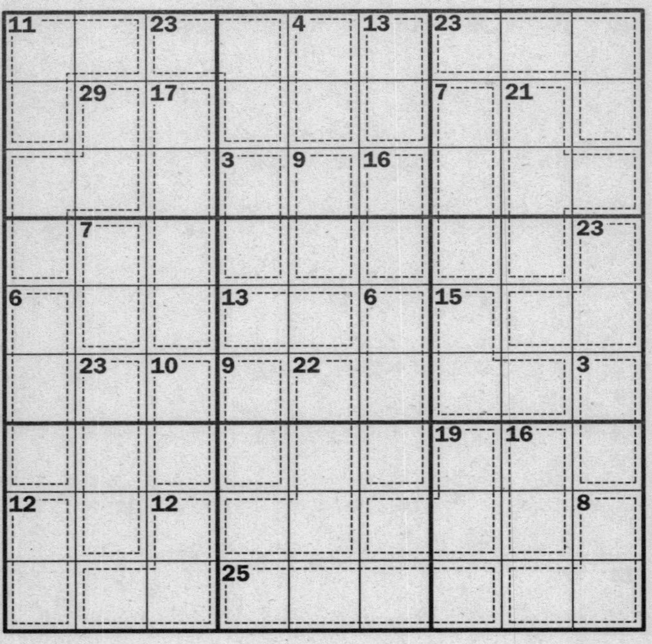

| 4 | 17 | 12 | | 13 | 13 | | 15 | 17 |
|---|----|----|----|----|----|----|----|----|
| | | 10 | 17 | | 6 | 12 | | |
| 22 | 3 | | | | | | | |
| | | 20 | | | 23 | 7 | | |
| | 12 | 6 | | | | | 23 | 17 |
| | | 10 | | 22 | | | | |
| 17 | | 12 | | | 15 | 17 | | |
| | | | 10 | | | | 18 | |
| 15 | | | | | | | | |

# 80

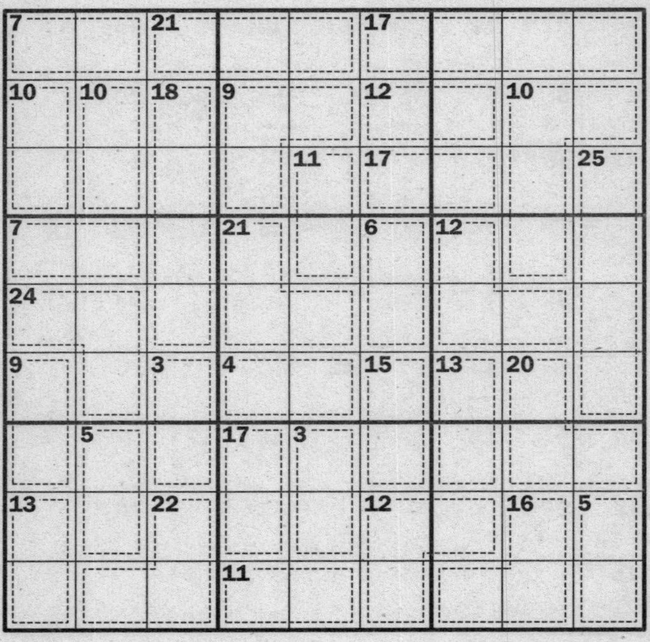
7 21 17
10 10 18 9 12 10
11 17 25
7 21 6 12
24
9 3 4 15 13 20
5 17 3
13 22 12 16 5
11

# 81

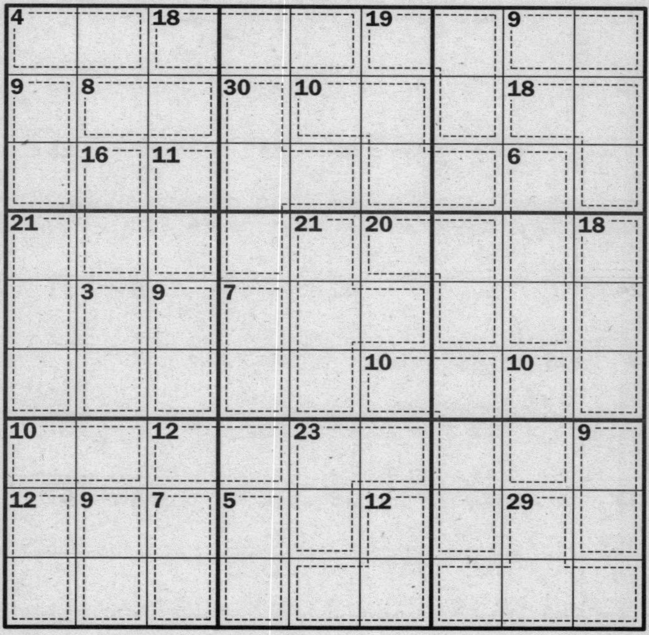
4
18
19
9
9
8
30
10
18
16
11
6
21
21
20
18
3
9
7
10
10
10
12
23
9
12
9
7
5
12
29

Moderate

# 82

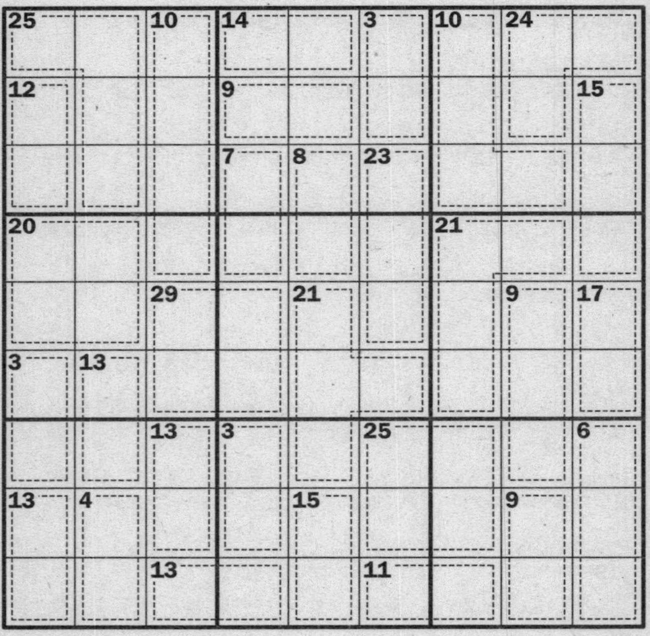
25 10 14 3 10 24
12 9 15
7 8 23
20 21
29 21 9 17
3 13
13 3 25 6
13 4 15 9
13 11

# 83

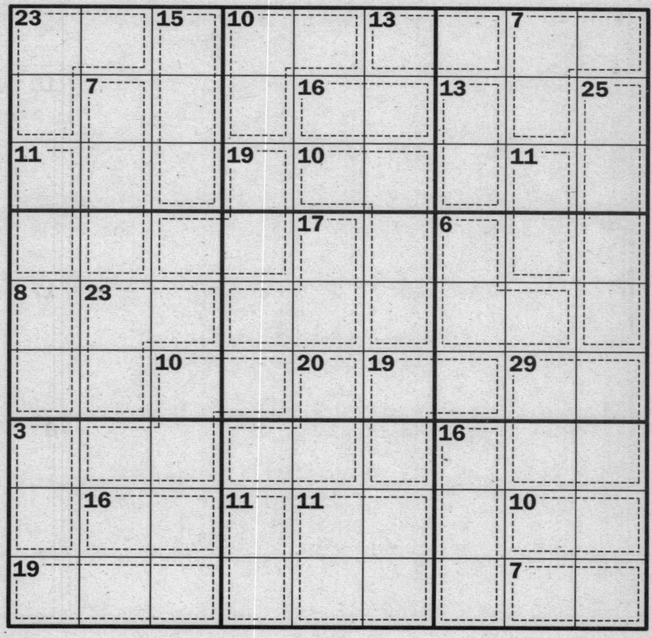
23
15
10
13
7
7
16
13
25
11
19
10
11
17
6
8
23
10
20
19
29
3
16
16
11
11
10
19
7

Moderate

# 84

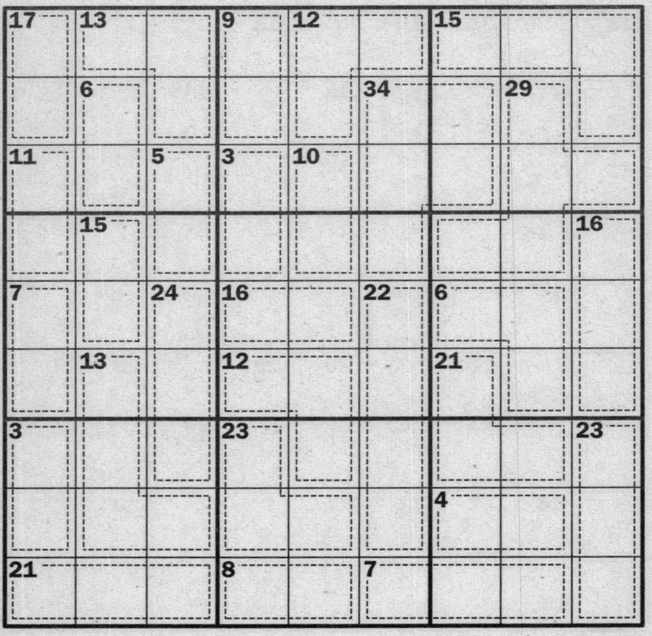

# 85

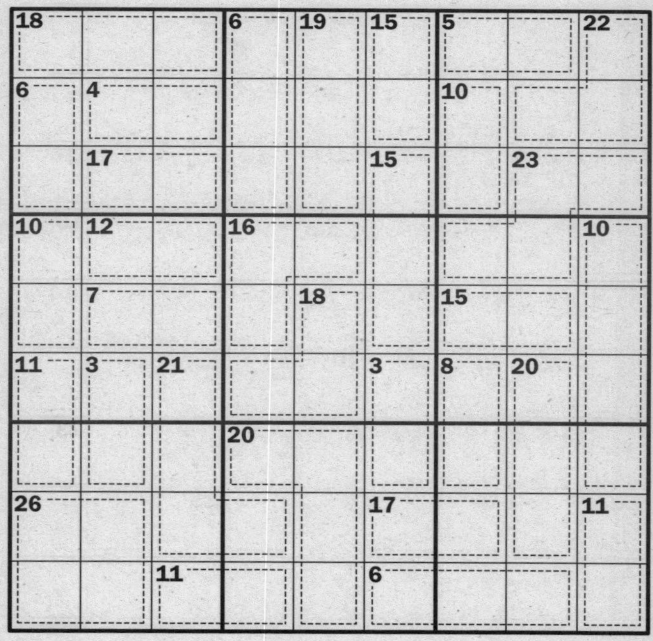

Moderate

# 86

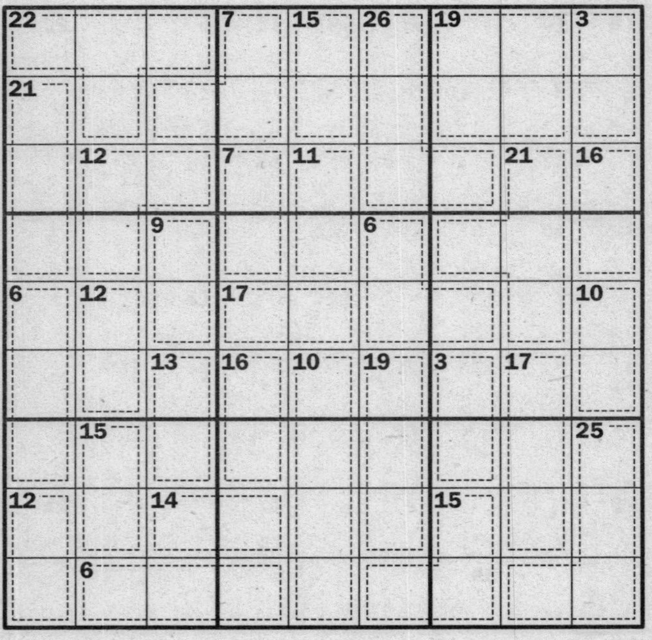
22
7
15
26
19
3
21
12
7
11
21
16
9
6
6
12
17
10
13
16
10
19
3
17
15
25
12
14
15
6

| 17 | 10 |    |    | 23 | 15 |    | 29 | 20 |
|----|----|----|----|----|----|----|----|----|
|    |    |    | 16 |    |    |    |    |    |
| 16 |    |    |    | 3  | 15 |    |    |    |
| 3  | 15 |    | 11 |    |    |    |    |    |
|    | 7  | 15 |    | 10 |    | 15 |    |    |
| 9  |    |    | 10 |    |    | 24 | 9  | 10 |
|    | 11 |    |    | 13 |    |    |    |    |
| 21 |    |    |    |    | 13 |    | 13 |    |
|    |    | 21 |    |    | 8  |    | 3  |    |

# 88

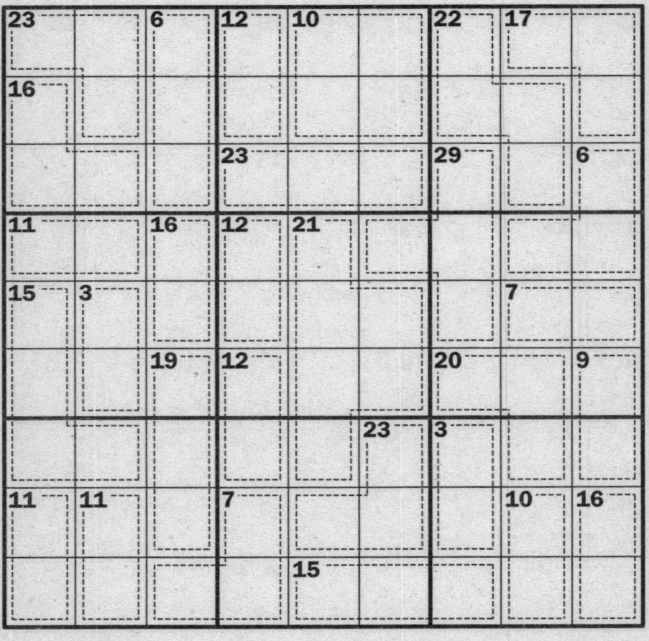
23 6 12 10 22 17
16
23 29 6
11 16 12 21
15 3 7
19 12 20 9
23 3
11 11 7 10 16
15

| 24 | | 29 | | | 7 | | 9 | 10 |
|---|---|---|---|---|---|---|---|---|
| | | 11 | | | 13 | | | |
| 10 | | | | 21 | | 29 | | |
| | 8 | 23 | 14 | | | | | |
| | | | | 14 | 10 | 3 | 23 | |
| 16 | | | | | | | | 11 |
| 9 | 23 | | 10 | | 4 | 12 | 3 | |
| | | | | 23 | | | | 13 |
| 9 | | | | | 14 | | | |

**Moderate**

# 90

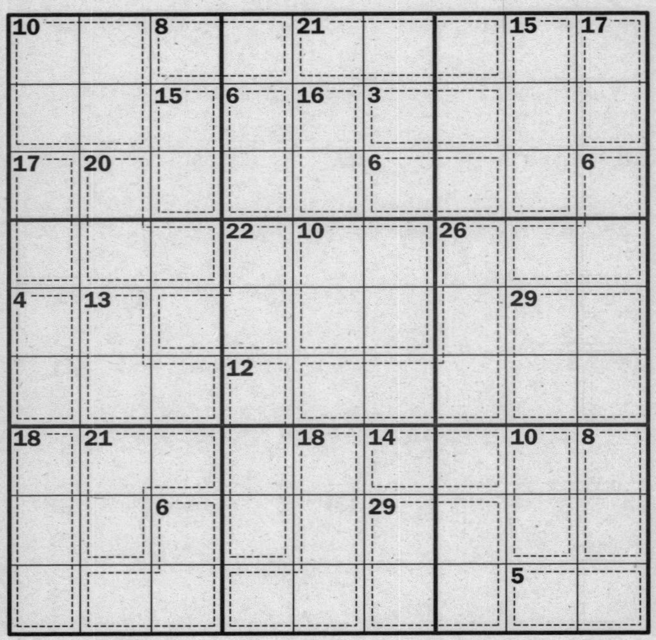

| 10 | 28 | 6 | 6 | 11 | | 16 | | 4 |
|----|----|----|----|----|----|----|----|----|
| | | | | 24 | | 10 | | |
| 6 | | | | 10 | | 14 | 3 | 12 |
| | | 29 | 17 | | 10 | | | |
| 27 | | | | | | 8 | | 23 |
| | 3 | | | 16 | 7 | 10 | | |
| | | | 17 | | | | | |
| 22 | | | | 15 | | 20 | 21 | |
| | | | | | | | | |

# 92

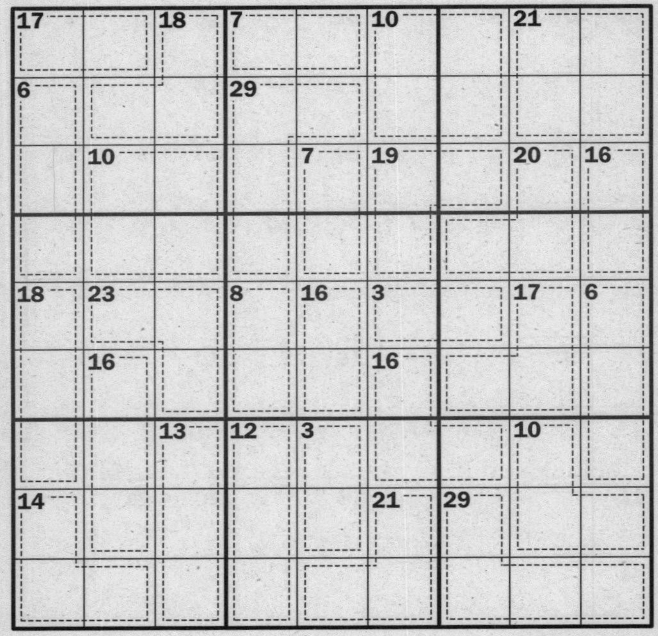

| 21 | 3 | 26 | 24 | | | 10 | 12 |
| | | | 6 | 11 | | | |
| | 10 | | | 28 | | | 17 |
| 12 | | | | 19 | 13 | | |
| | | 10 | | 5 | 15 | 9 |
| 15 | | | 16 | | | |
| 13 | | 12 | 7 | | 13 |
| 11 | 21 | 5 | 7 | 29 | |
| 5 | | | | | |

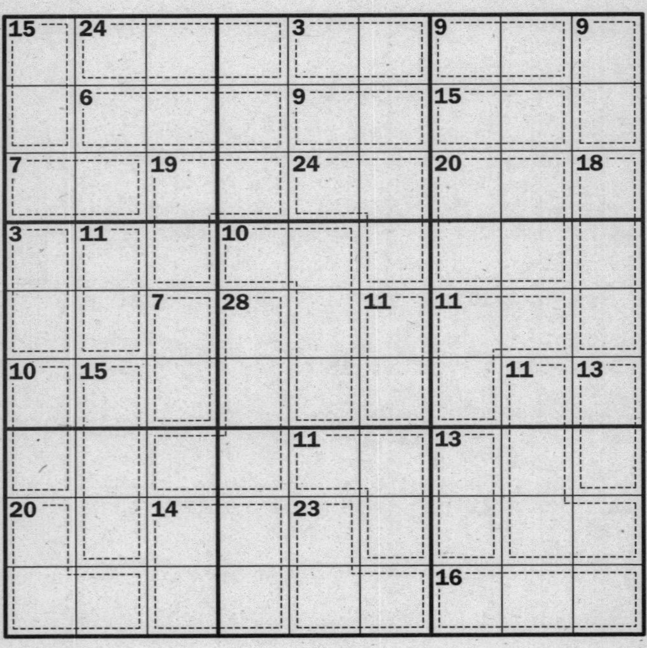
15 24 3 9 9
6 9 15
7 19 24 20 18
3 11 10
7 28 11 11
10 15 11 13
11 13
20 14 23
16

| 14 | | 20 | | 15 | | | 29 | |
| 14 | 22 | | 29 | 23 | 3 | | | |
| | | | | | | 7 | | 3 |
| | | | | 9 | 6 | | | |
| 29 | | 13 | 4 | | | 15 | 15 | 7 |
| | | 3 | 13 | | | | | |
| | | | 16 | | 10 | | | 12 |
| 3 | 20 | | 10 | 18 | | | | |
| | | | | | 23 | | | |

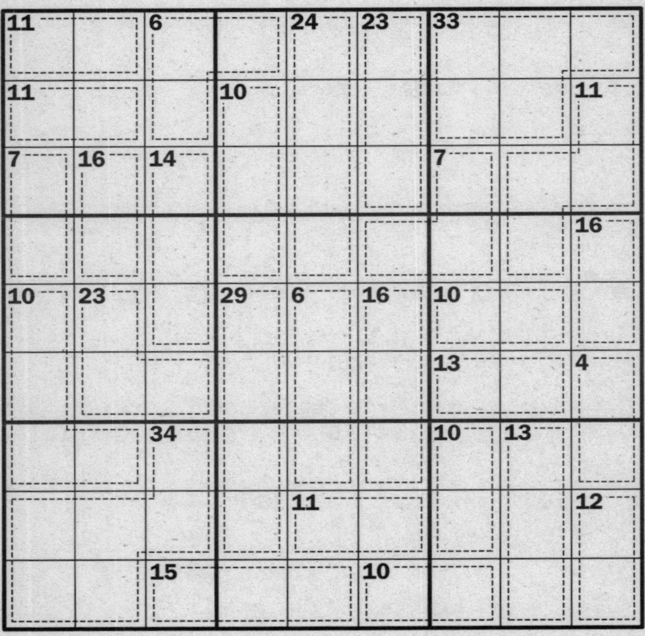
11 6 24 23 33
11 10 11
7 16 14 7
16
10 23 29 6 16 10
13 4
34 10 13
11 12
15 10

# 97

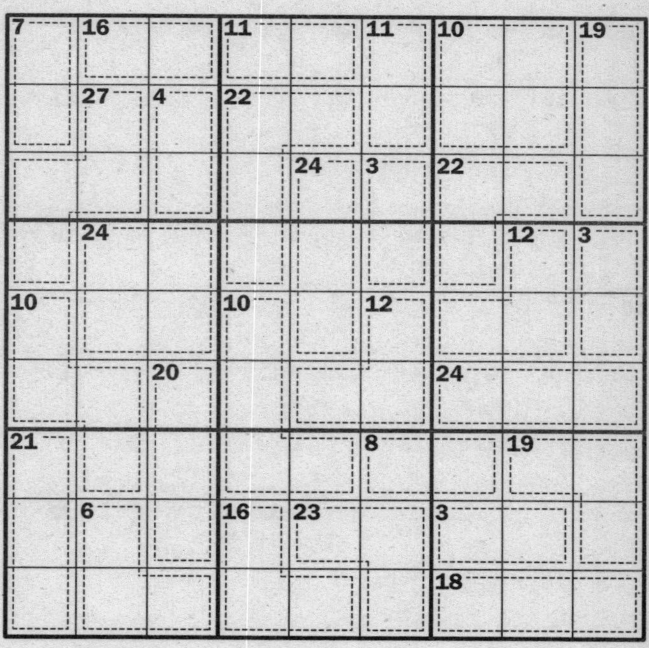


Moderate

# 98

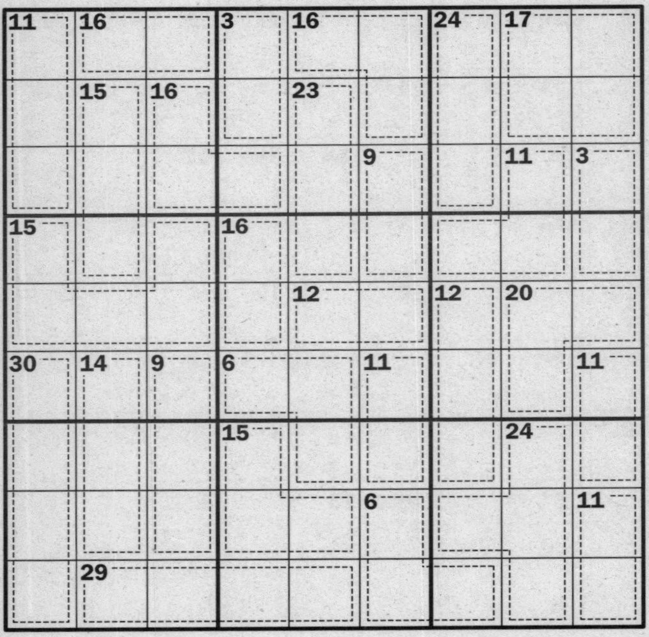
11 16 3 16 24 17
15 16 23
9 11 3
15 16
12 12 20
30 14 9 6 11 11
15 24
6 11
29

# 99

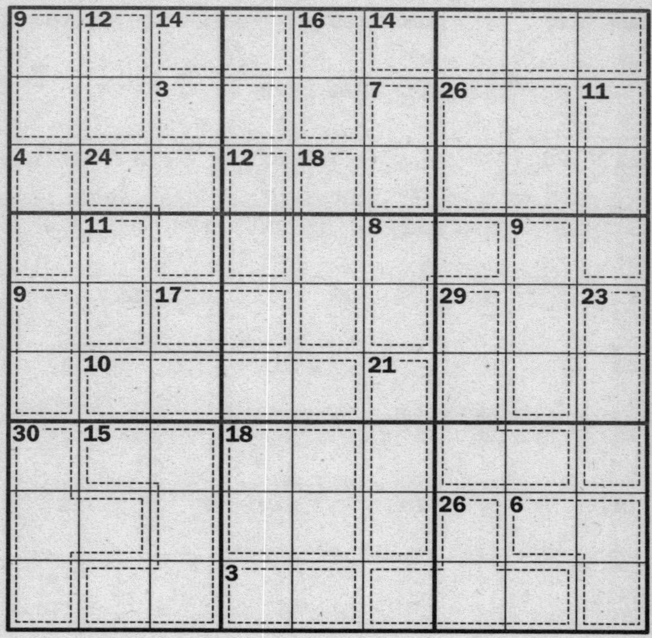


**Moderate**

# 100

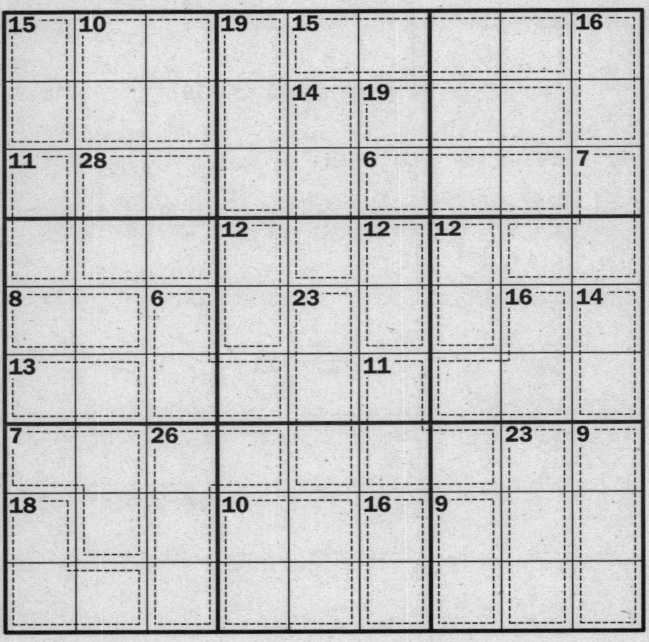
15 10 19 15 16
14 19
11 28 6 7
12 12 12
8 6 23 16 14
13 11
7 26 23 9
18 10 16 9

| 15 | 3 | 7 | 6 | | 29 | 26 | | |
| | | | | 15 | | 16 | 7 | |
| 8 | 15 | 18 | | | | | | |
| | | | 26 | | | | 4 | 10 |
| 3 | 13 | | | | 16 | | | |
| | | 24 | | 24 | | | 16 | |
| 12 | 9 | | | | 14 | | | 7 |
| | | 16 | | | | 6 | 23 | |
| 12 | | | 5 | | | | | |

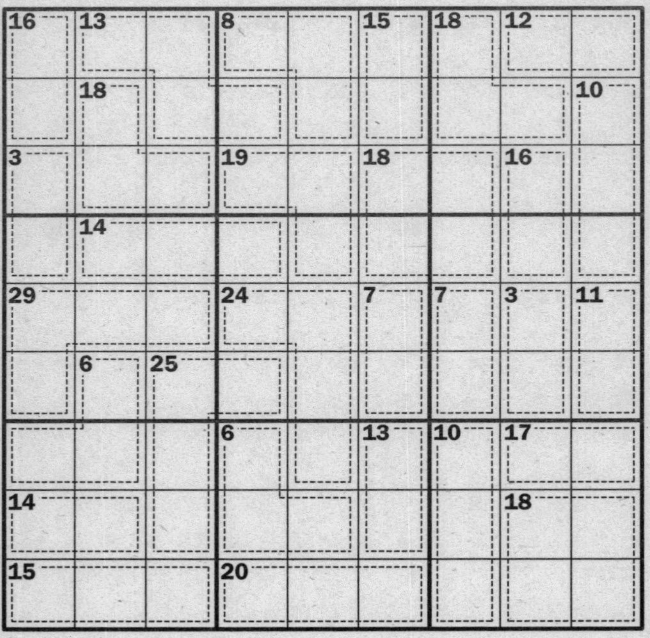
16
13
8
15
18
12
18
10
3
19
18
16
14
29
24
7
7
3
11
6
25
6
13
10
17
14
18
15
20

| 4 | | 14 | | 29 | 21 | | 6 | 10 |
|---|---|----|----|----|----|----|----|----|
| 14 | | | | | | | | |
| 16 | 15 | | | | 6 | | | 33 |
| | 7 | | 18 | | 6 | | | |
| 18 | | 12 | 27 | | 6 | 11 | | |
| | 15 | | | | | | 34 | 11 |
| | | 3 | | 12 | 24 | | | |
| | 23 | | | | | | | |
| | | 10 | | | | | | |

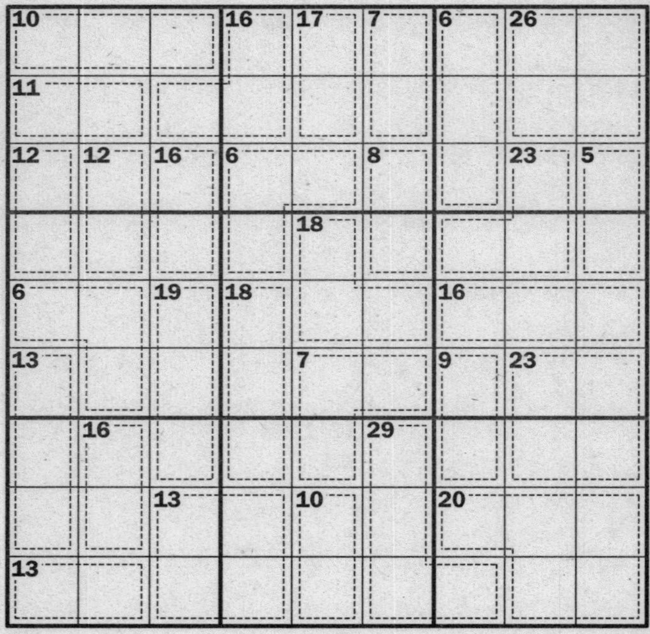
10 16 17 7 6 26
11
12 12 16 6 8 23 5
18
6 19 18 16
13 7 9 23
16 29
13 10 20
13

# 105

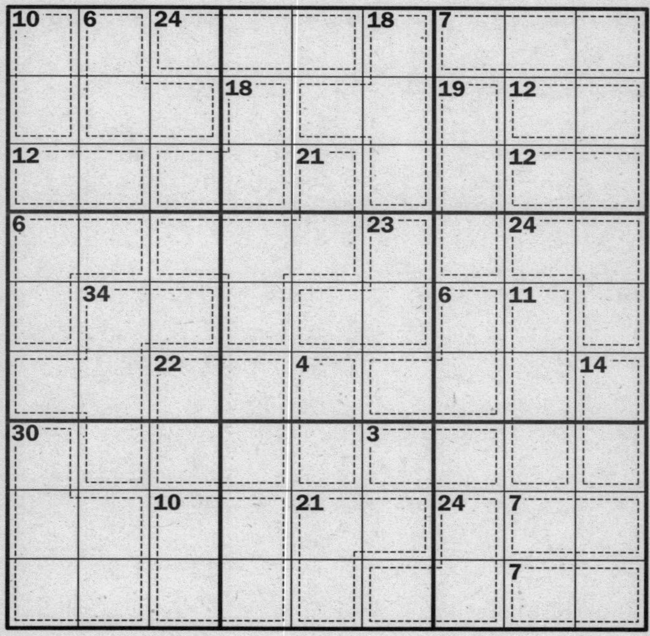


Moderate

# 106

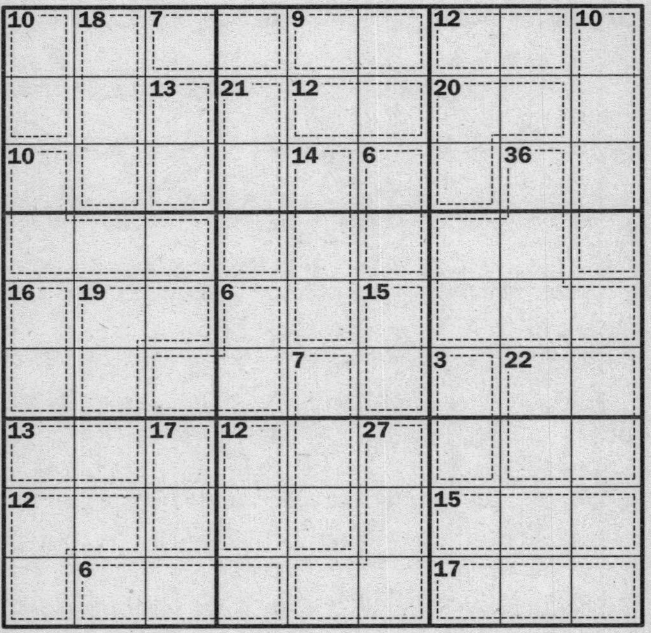
10
18
7
9
12
10
13
21
12
20
10
14
6
36
16
19
6
15
7
3
22
13
17
12
27
12
15
6
17

# 107

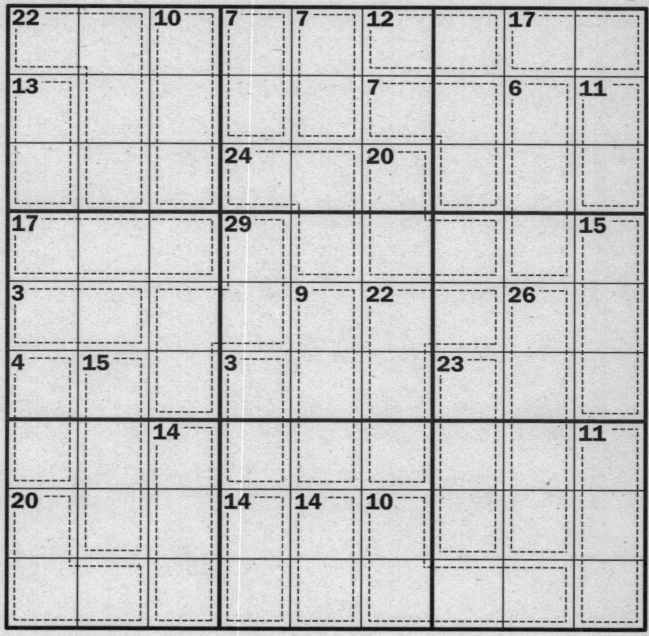


**Moderate**

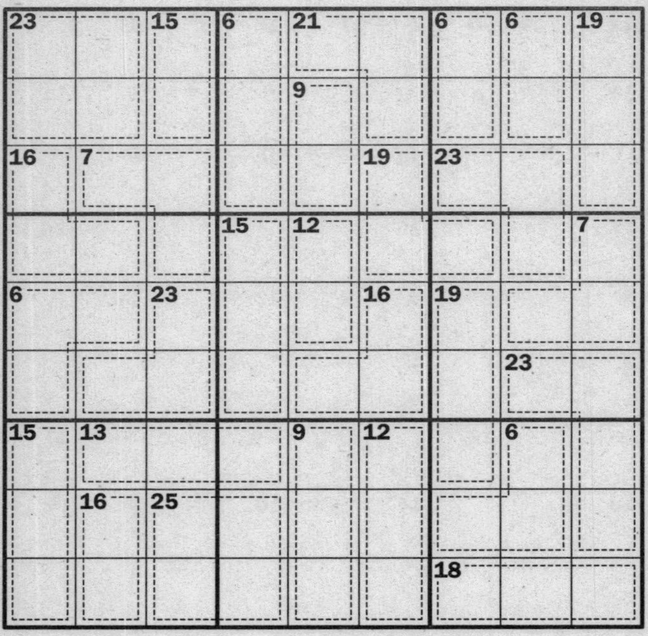
23 15 6 21 6 6 19
9
16 7 19 23
15 12 7
6 23 16 19
23
15 13 9 12 6
16 25
18

| 14 | | 29 | | 12 | 29 | | 11 | 5 |
|----|----|----|----|----|----|----|----|----|
| 19 | | | 10 | | | | | |
| | | | | | 6 | | 17 | |
| | 16 | 20 | | | | 10 | | |
| 4 | | 15 | | 16 | 15 | | | 27 |
| | | 7 | | | | | | |
| 18 | 19 | | | 6 | 15 | | | 20 |
| | | 12 | | | 12 | | 7 | |
| | | | | 14 | | | | |

# 110

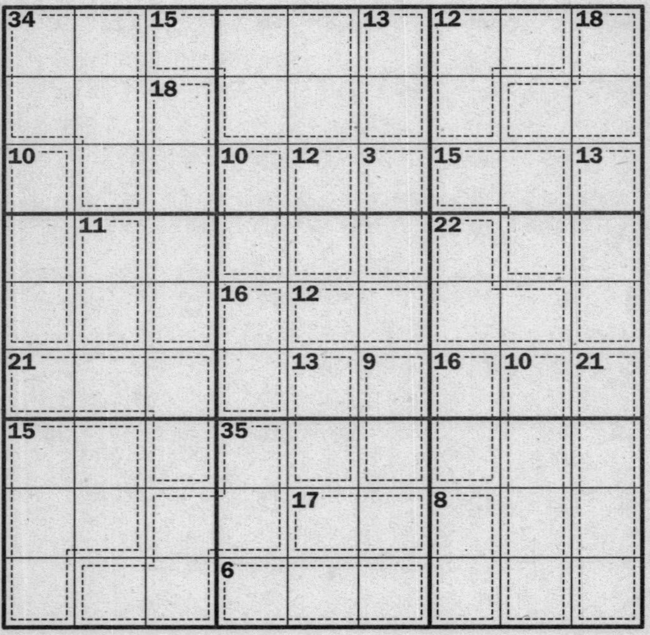
34
15
13
12
18
18
10
10
12
3
15
13
11
22
16
12
21
13
9
16
10
21
15
35
17
8
6

# 111

# 112

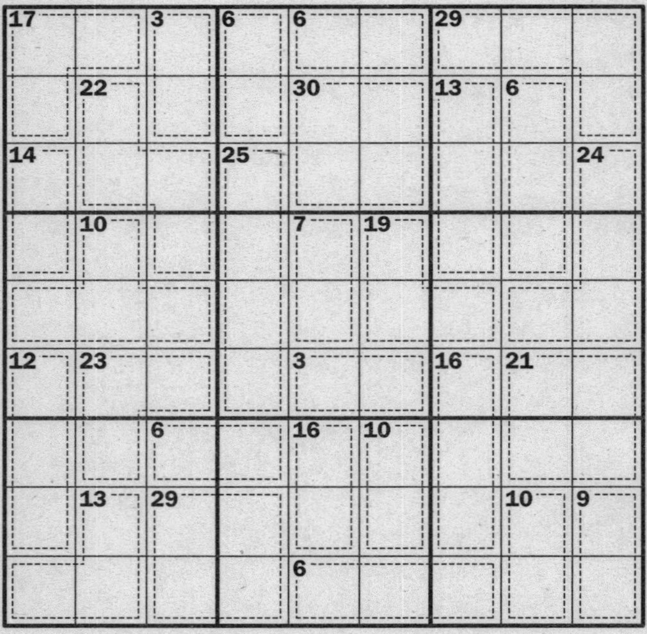

# 113

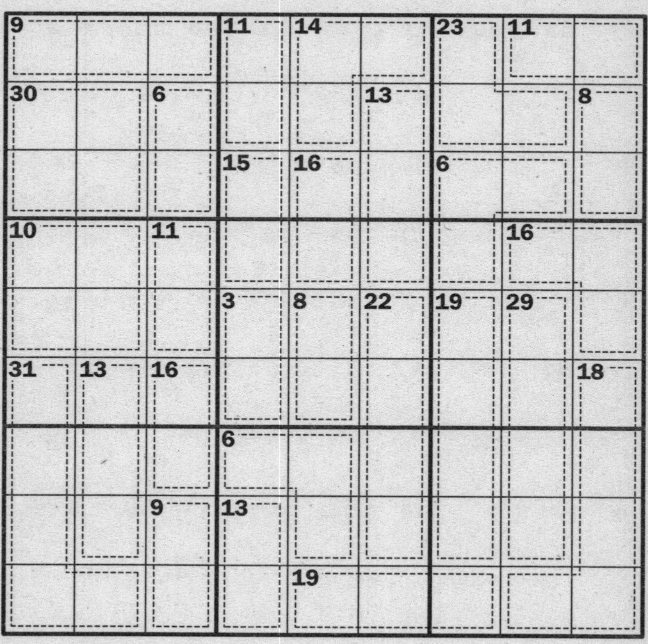


Moderate

# 114

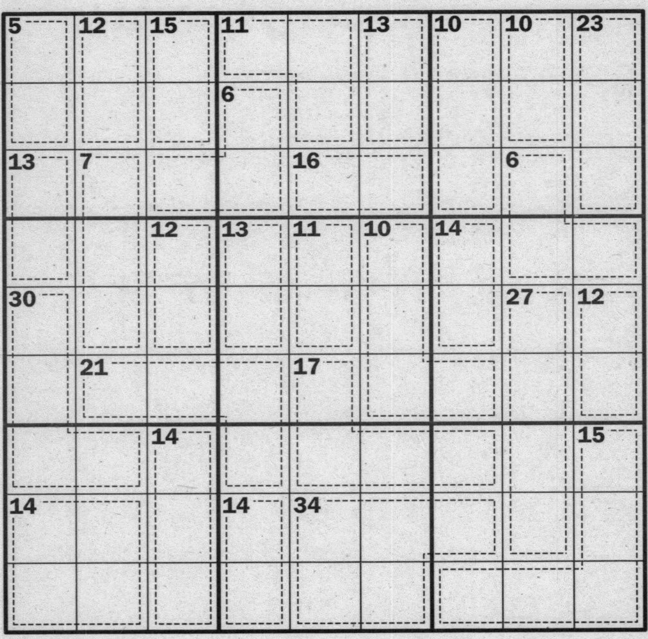
5 12 15 11 13 10 10 23
6
13 7 16 6
12 13 11 10 14
30 27 12
21 17
14 15
14 14 34

# 115

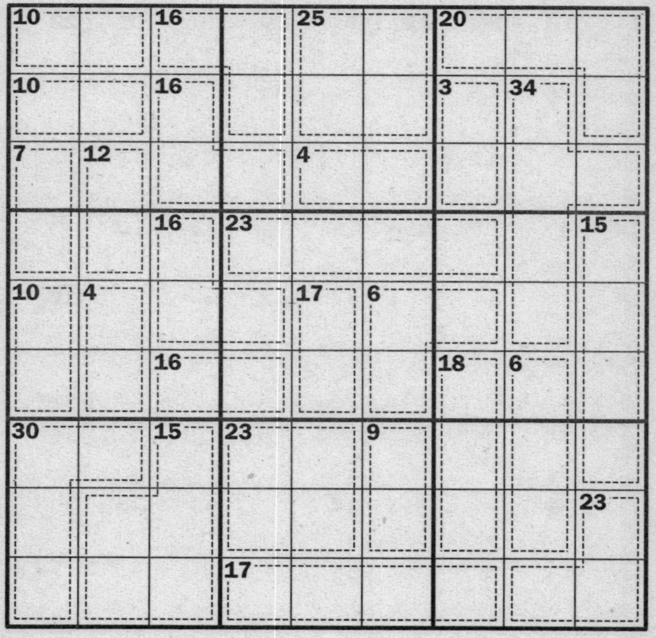
10
16
25
20
10
16
3
34
7
12
4
16
23
15
10
4
17
6
16
18
6
30
15
23
9
23
17

**Moderate**

# 116

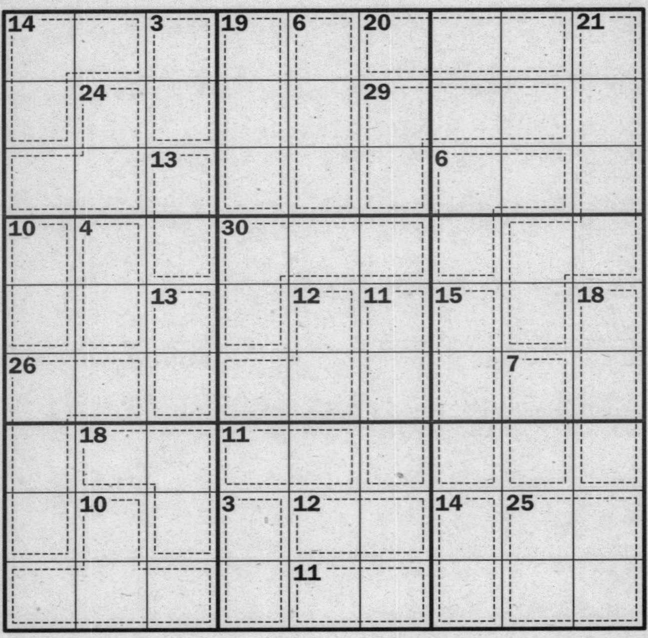
14
3
19
6
20
21
24
29
13
6
10
4
30
13
12
11
15
18
26
7
18
11
10
3
12
14
25
11

# 117

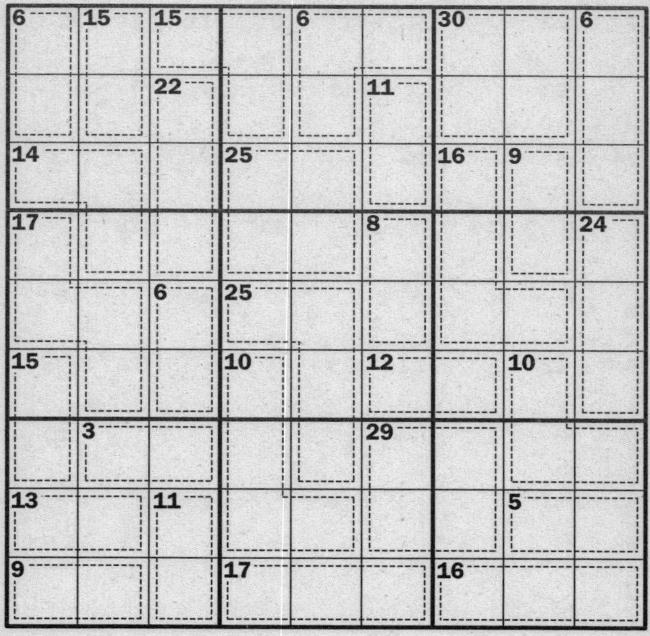


**Moderate**

# 119

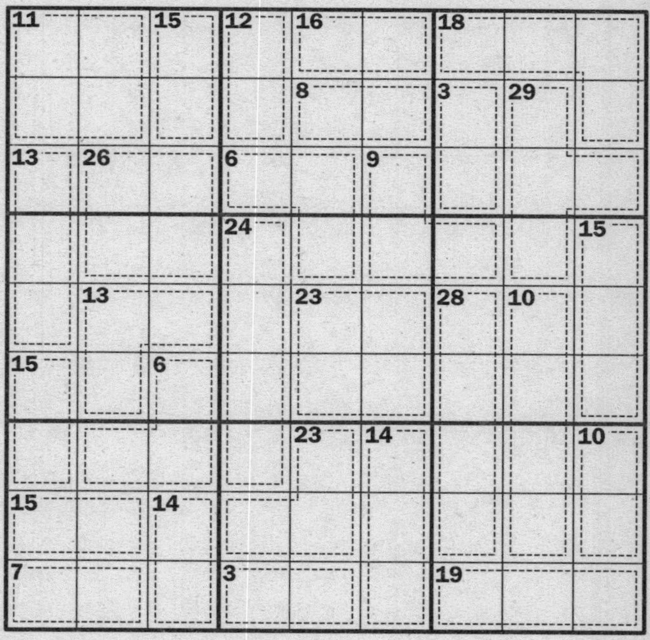


Moderate

# 120

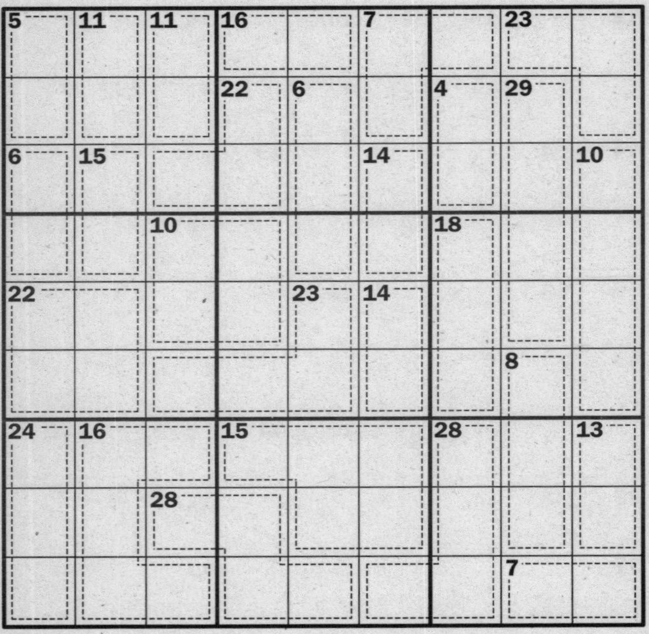

| 15 | 6 | 7 | | 18 | | | 11 | |
|----|----|----|----|----|----|----|----|----|
| | | 15 | 13 | 10 | | 3 | 7 | 15 |
| 14 | | | | 4 | 23 | | | |
| | 21 | | 10 | | | 33 | 17 | |
| 10 | | | | 29 | | | | 15 |
| | 10 | | | | | | | |
| | | 16 | | | 15 | | | |
| | 13 | | 13 | | | 25 | | |
| 17 | | | | | | | | |

# 122

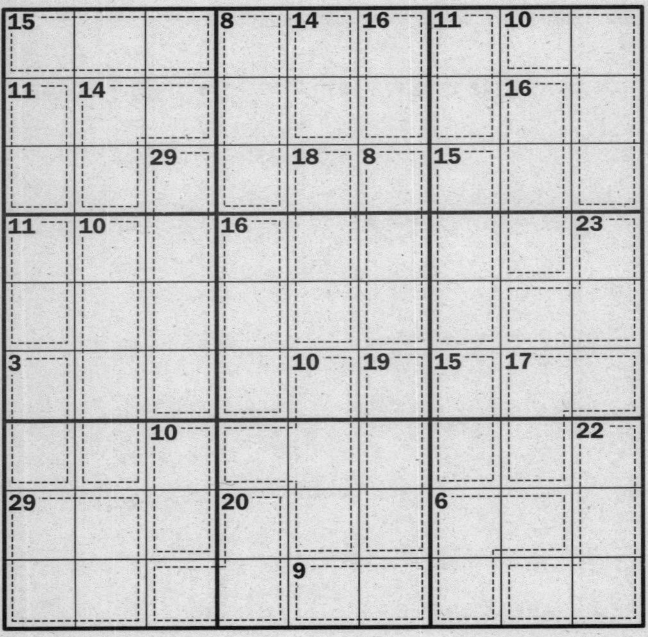
15 8 14 16 11 10
11 14 16
29 18 8 15
11 10 16 23
3 10 19 15 17
10 22
29 20 6
9

# 123

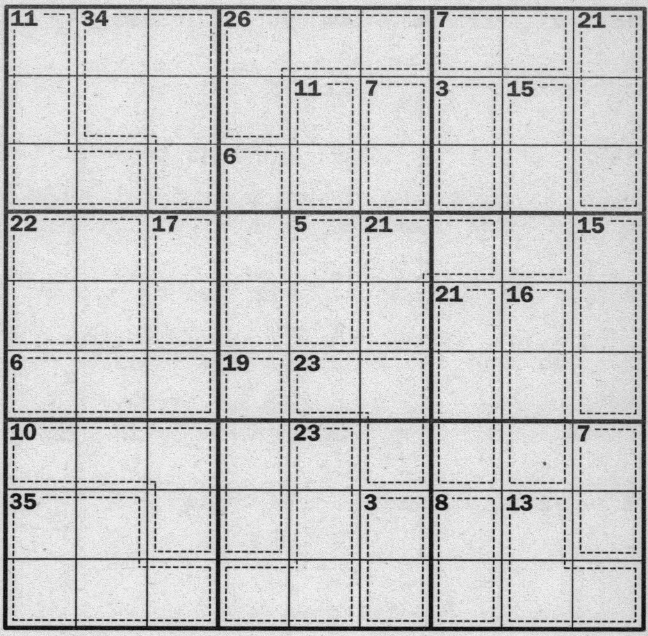


Hard

# 124

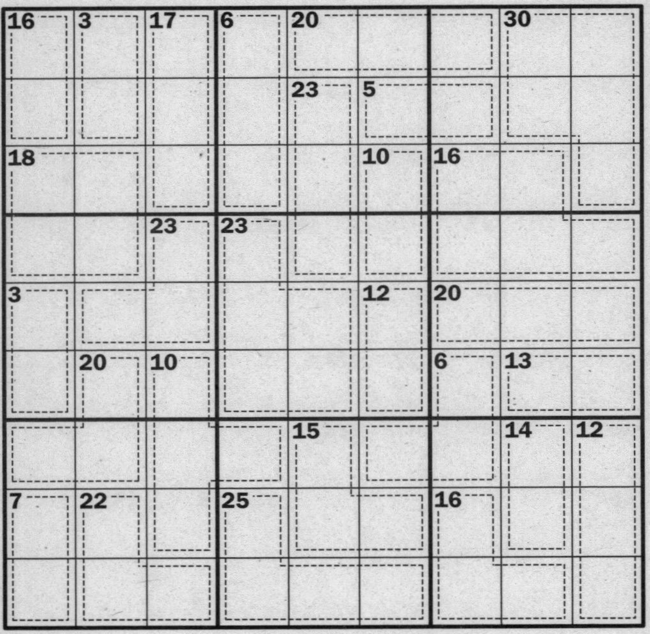

# 125

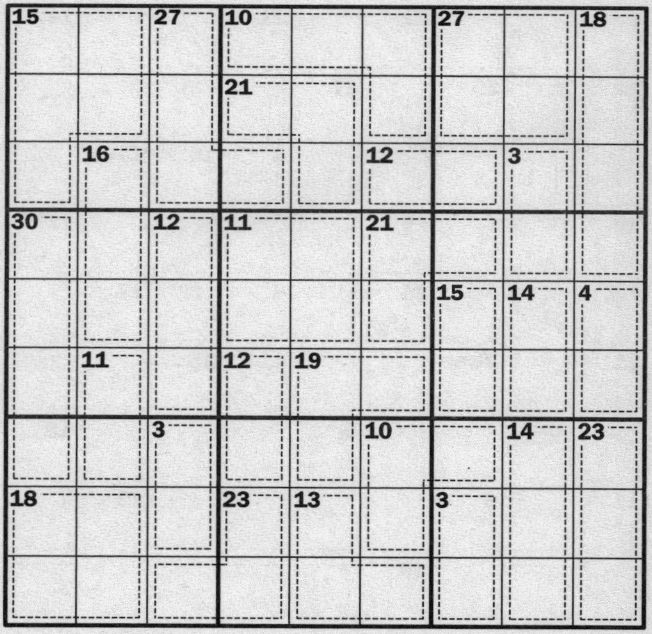
15 27 10 27 18
21
16 12 3
30 12 11 21
15 14 4
11 12 19
3 10 14 23
18 23 13 3

**Hard**

126

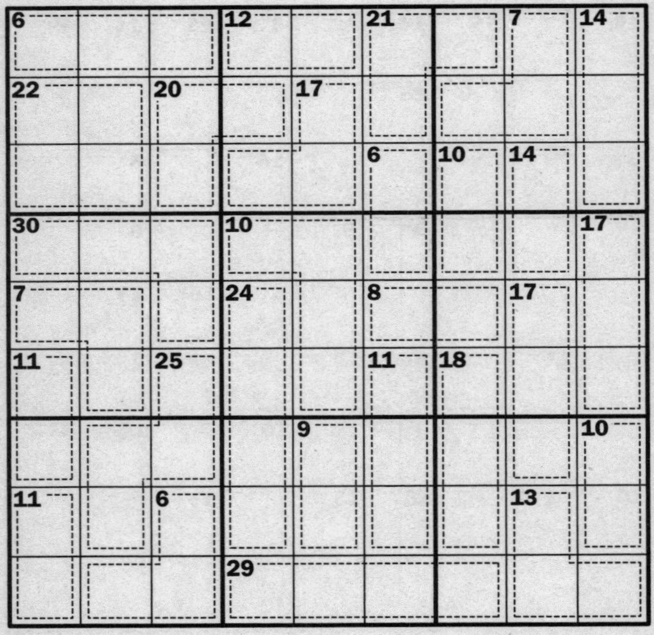

# 127

# 128

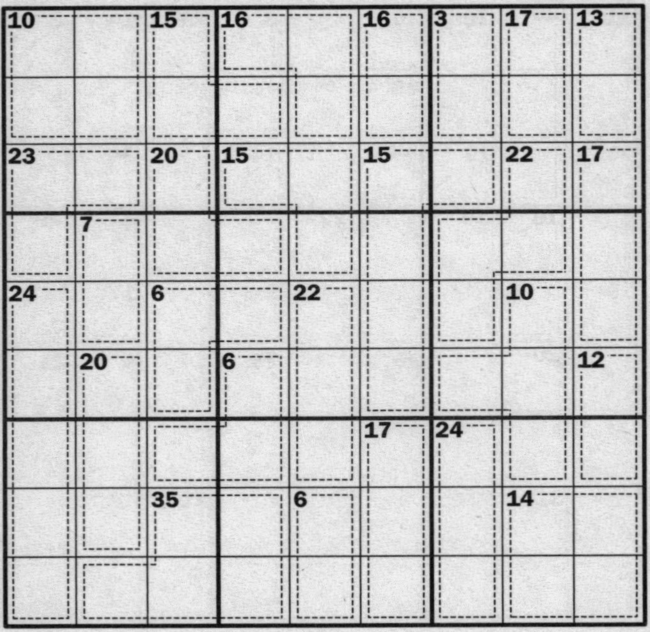

# 129

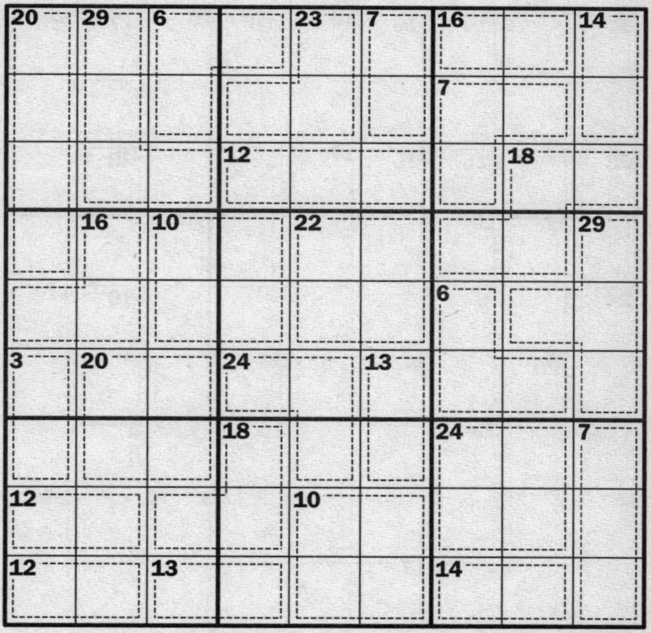


Hard

# 130

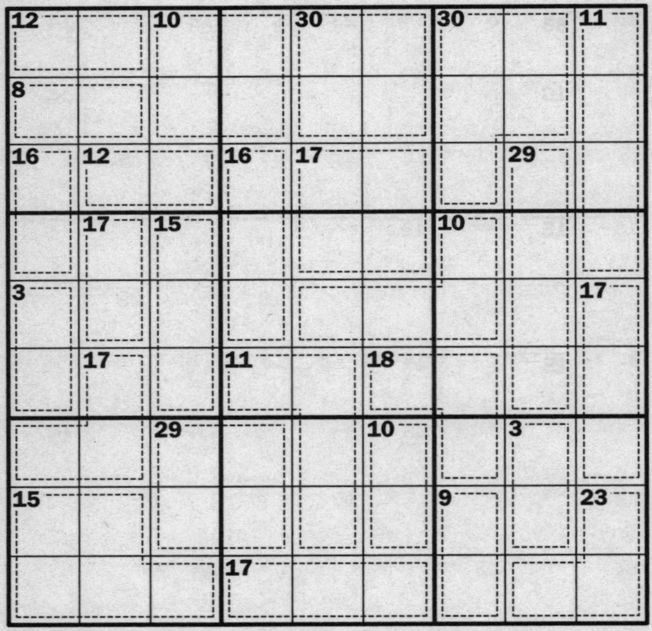

# 131

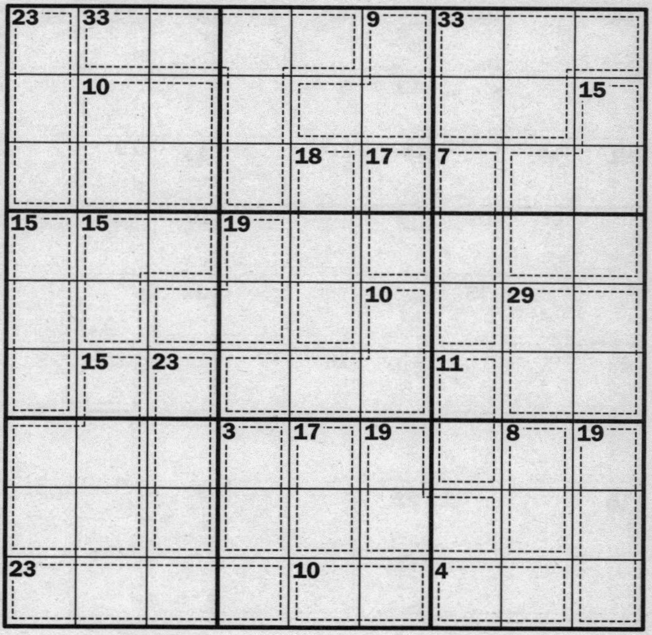


Hard

# 132

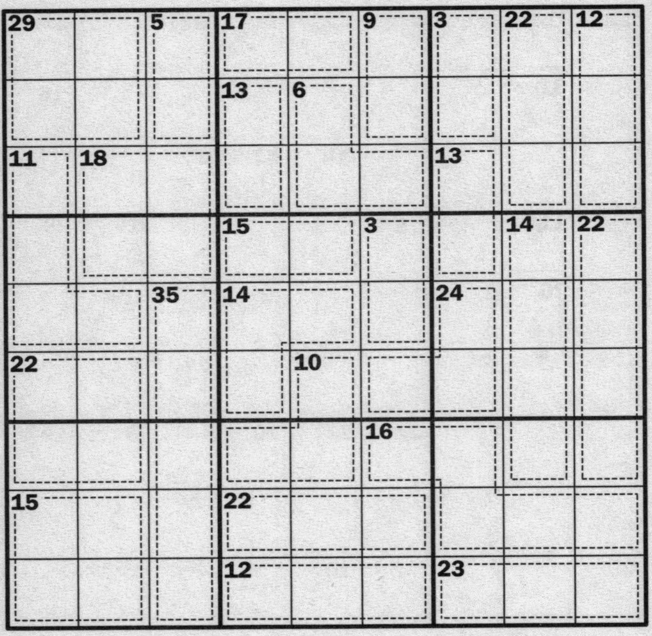

# 133

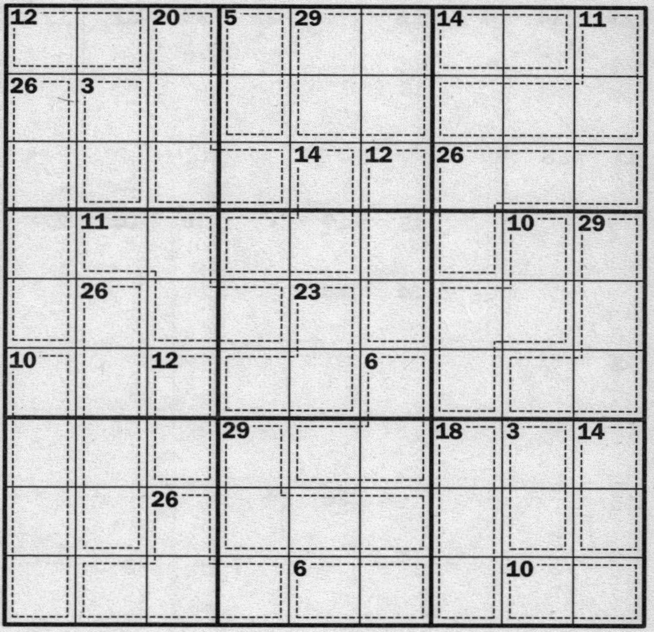


Hard

# 134

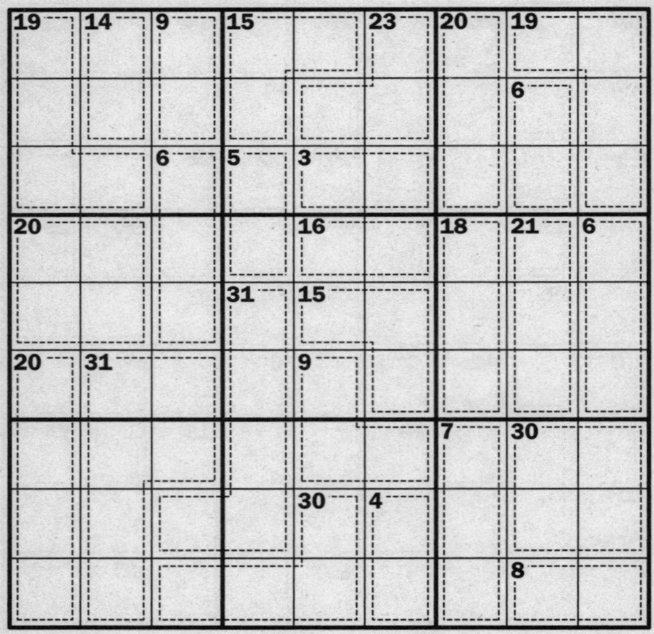

# 135

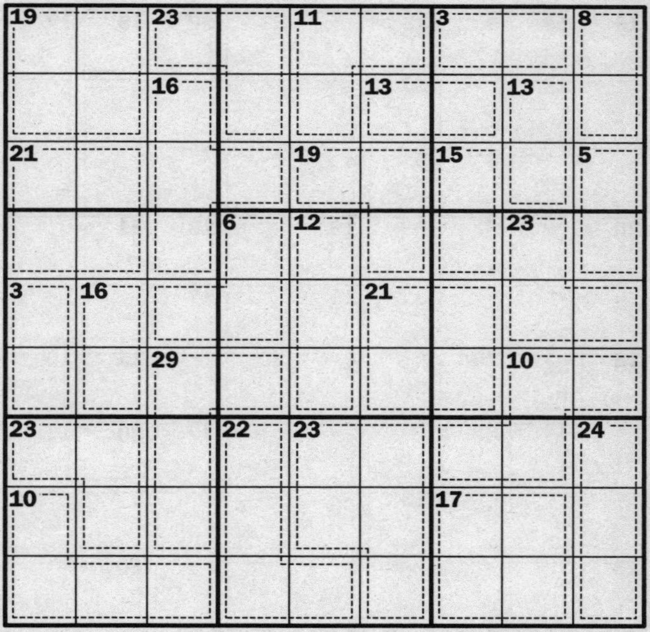


Hard

# 136

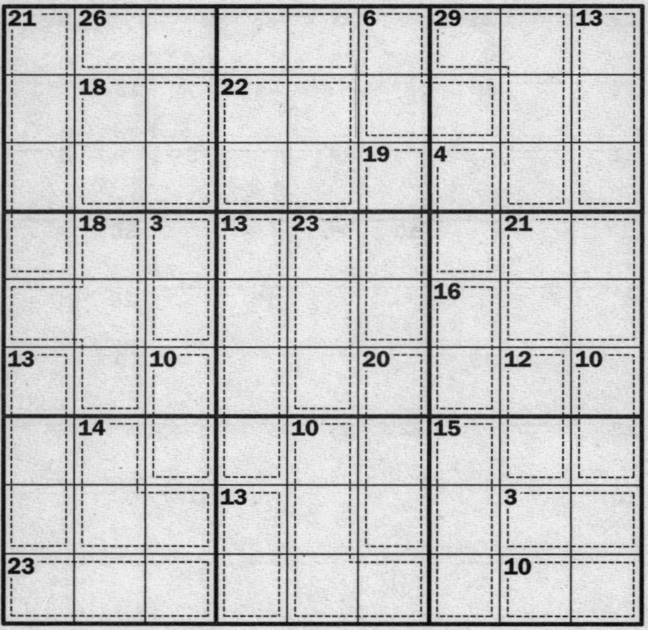
21
26
6
29
13
18
22
19
4
18
3
13
23
21
16
13
10
20
12
10
14
10
15
13
3
23
10

| 12 | | 18 | | | 28 | | 7 | 19 |
|----|----|----|----|----|----|----|----|----|
| | | 6 | | 15 | 11 | | | |
| 19 | | 10 | | | | | | |
| 17 | | | 15 | 20 | | | 30 | |
| | 7 | | | | 10 | | 25 | |
| 13 | | 10 | | | | | | |
| 13 | | | | 10 | | | | 7 |
| 4 | 19 | | 21 | | 17 | 22 | | |
| | | | | | | | | |

## 138

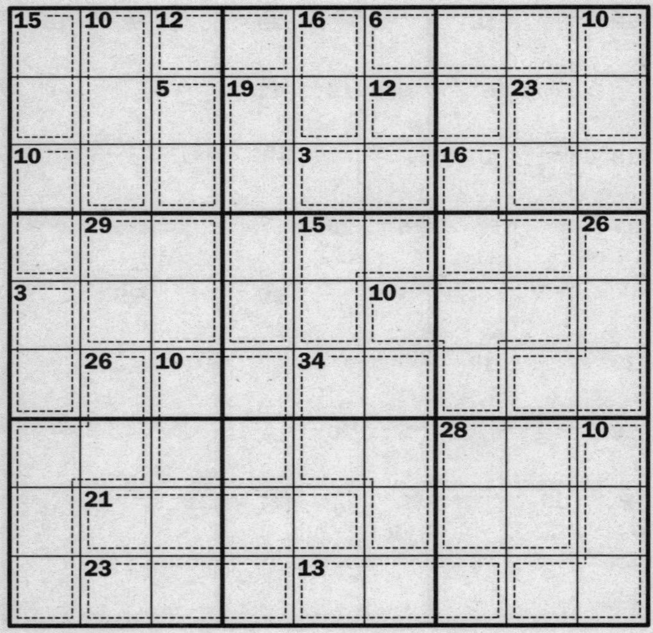

# 139

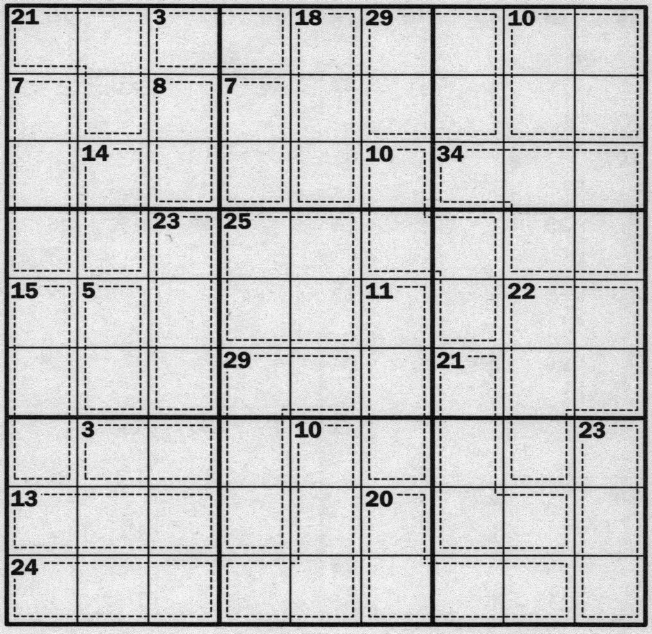


Hard

# 140

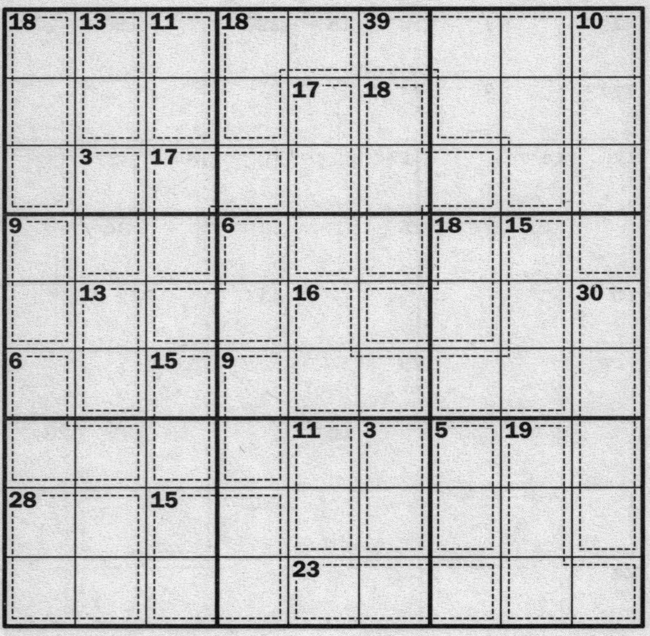

# 141

# 142

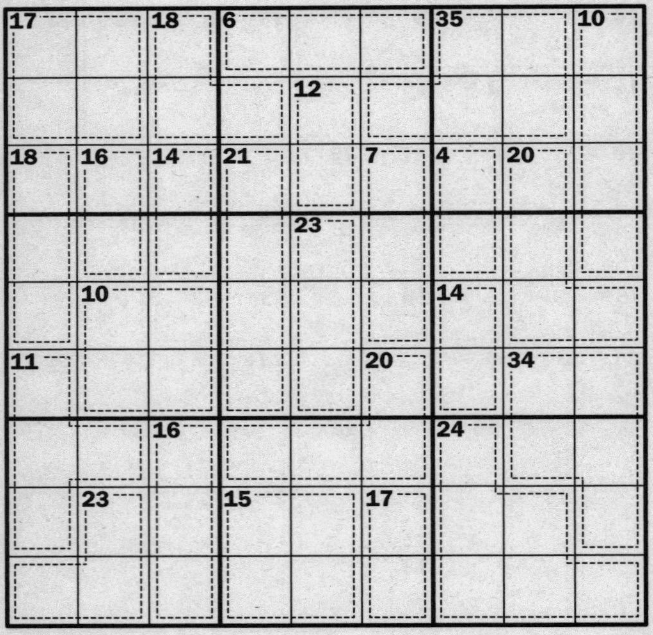

## 143

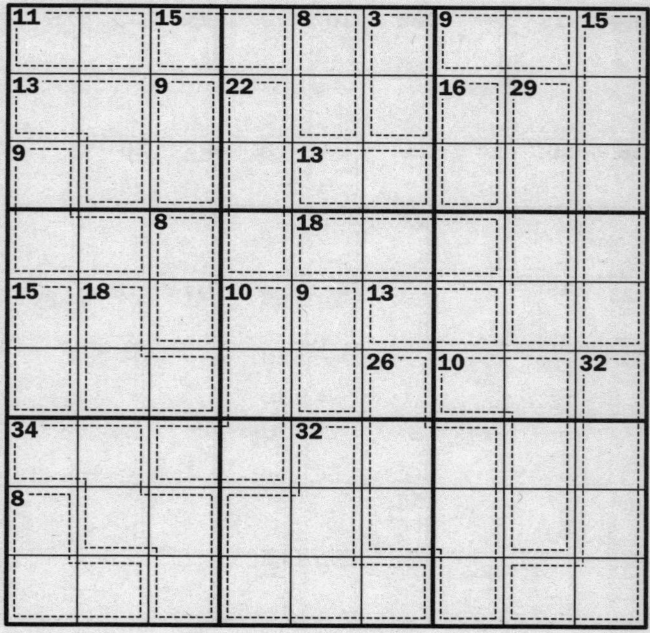


Hard

# 144

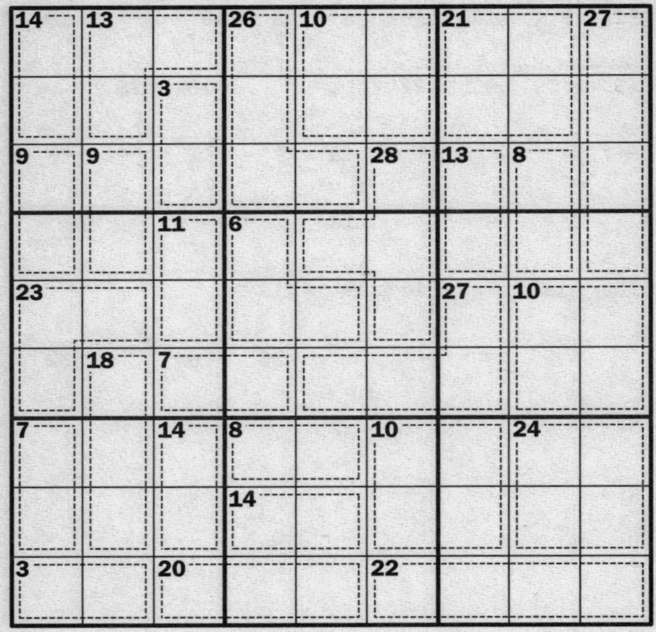

# 145

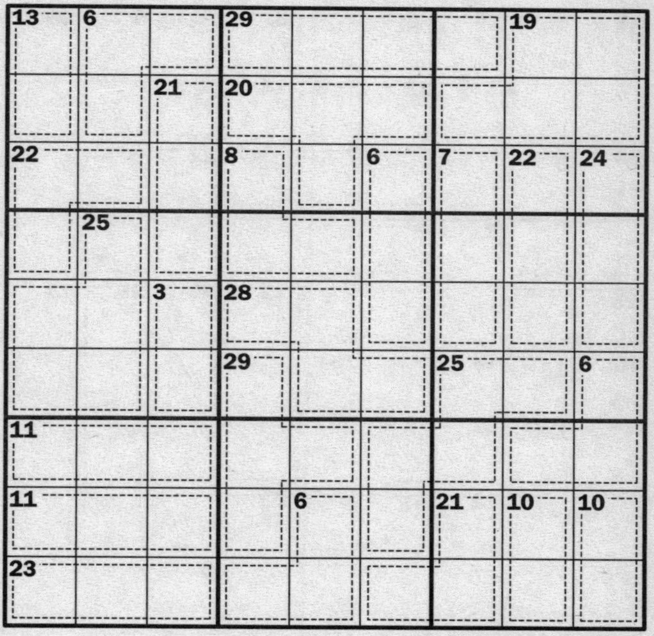


Hard

# 146

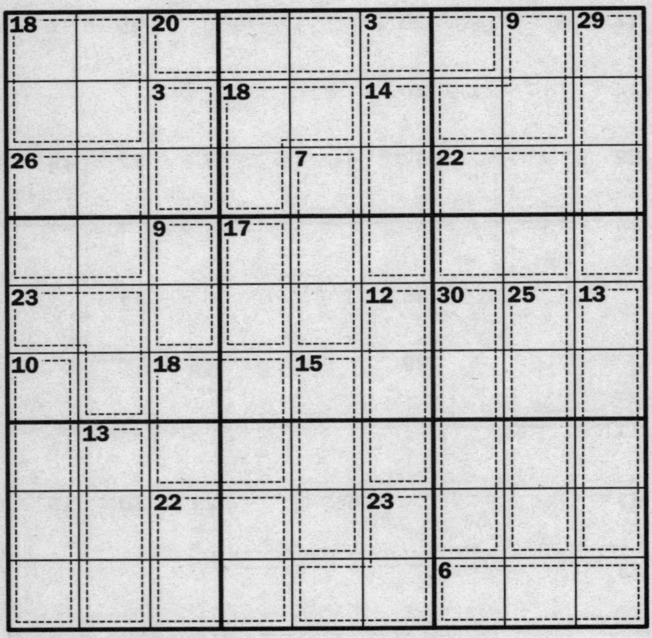

# 147

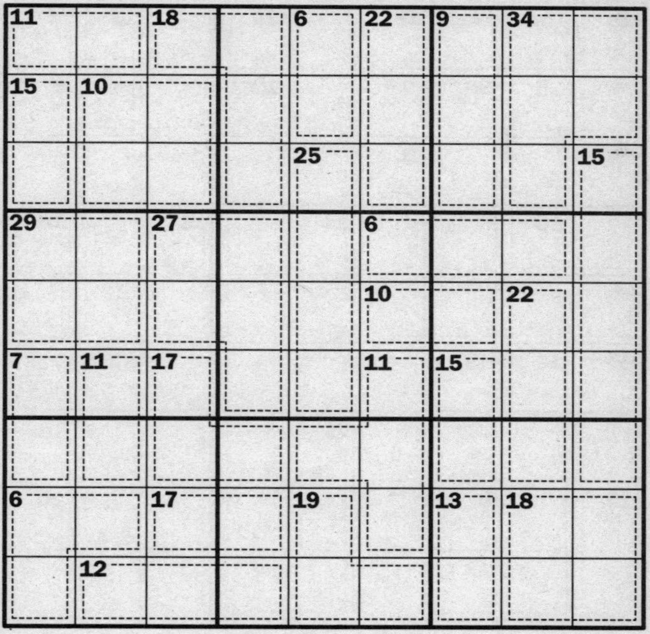


Hard

# 148

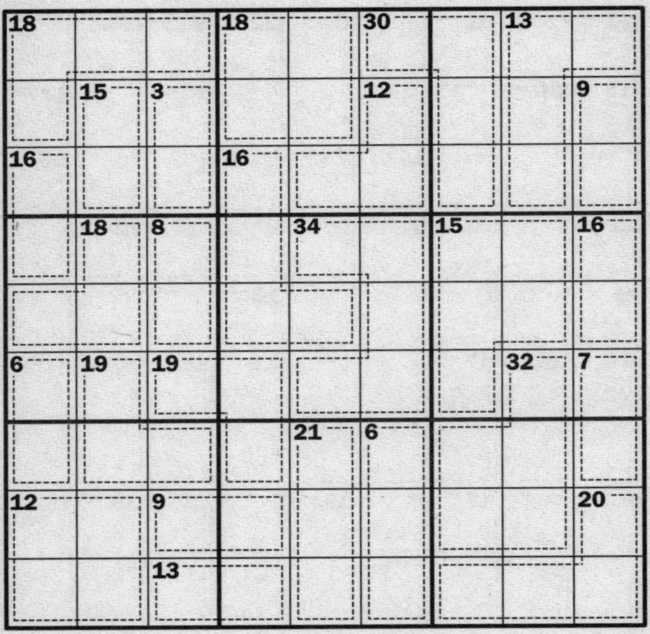

# 149

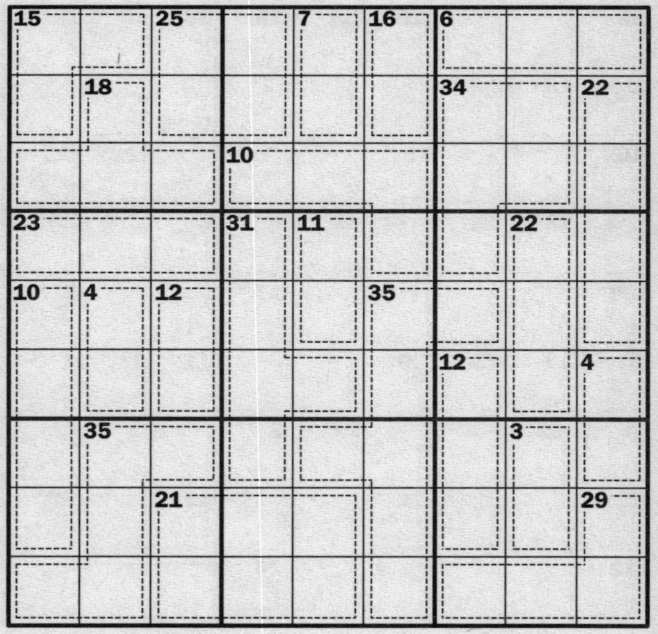


Hard

# 150

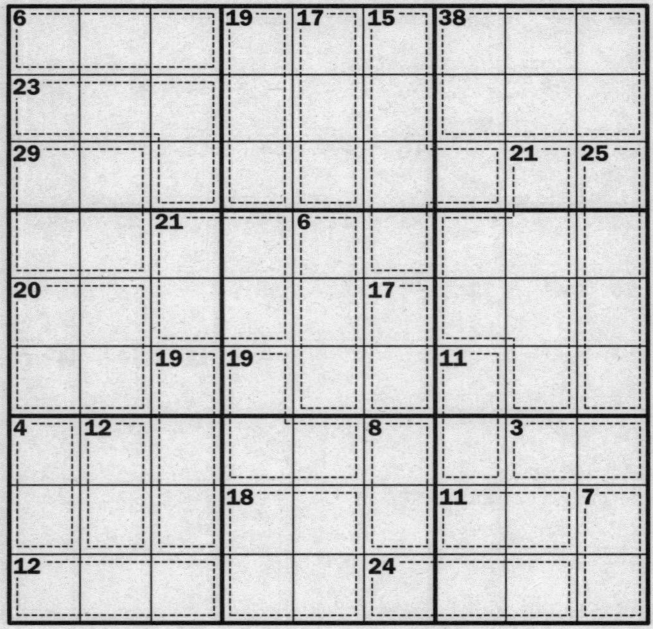

# 151

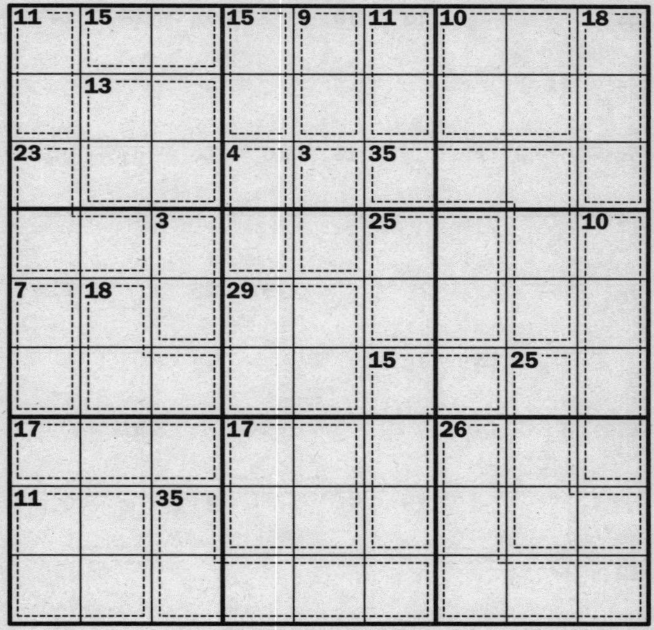


**Hard**

# 152

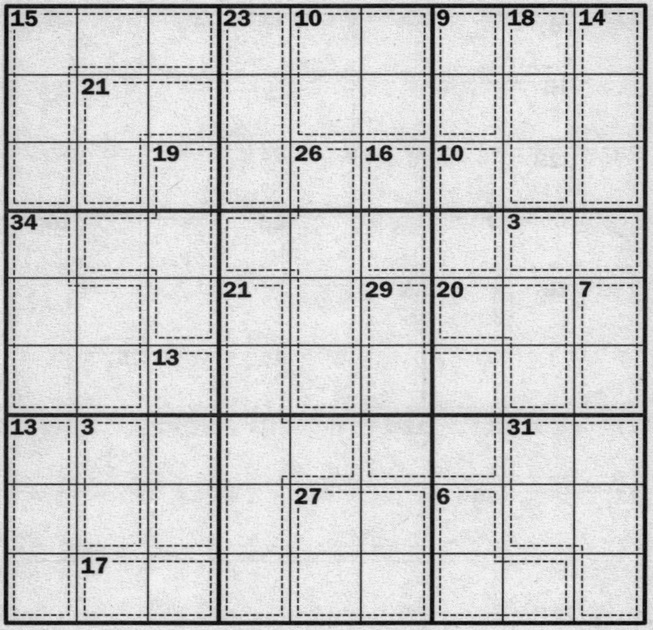

# 153

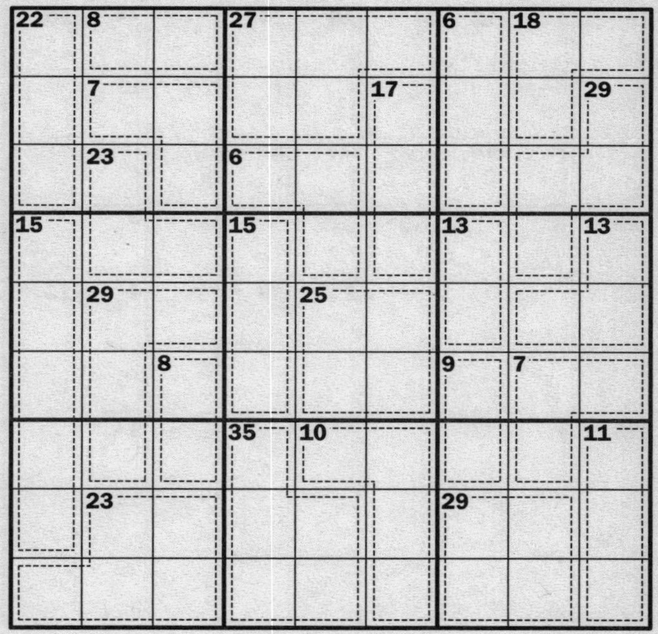


Hard

# 154

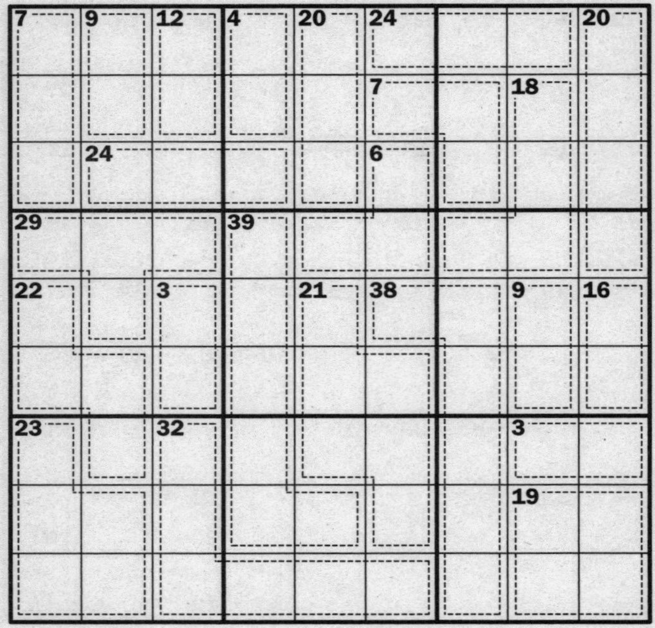

# 155

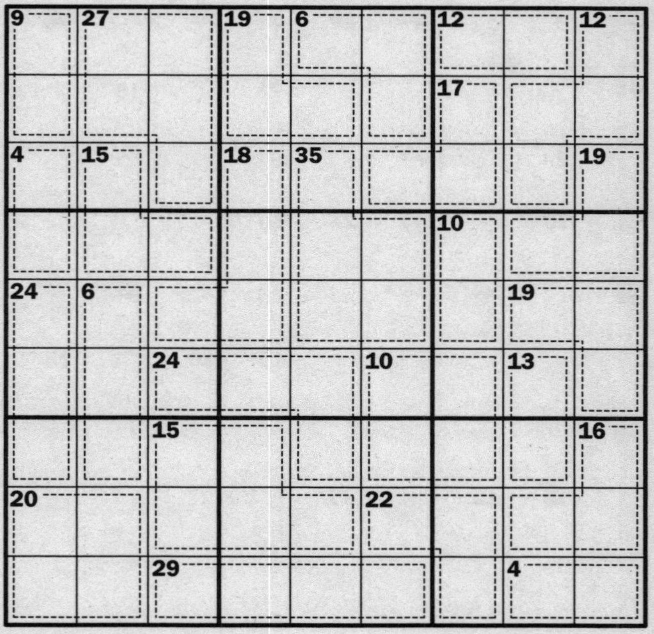


Hard

# 156

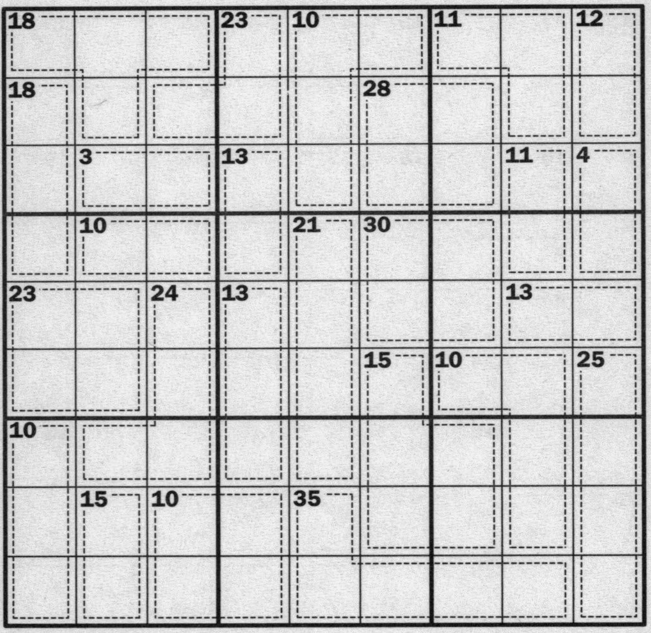

# 157

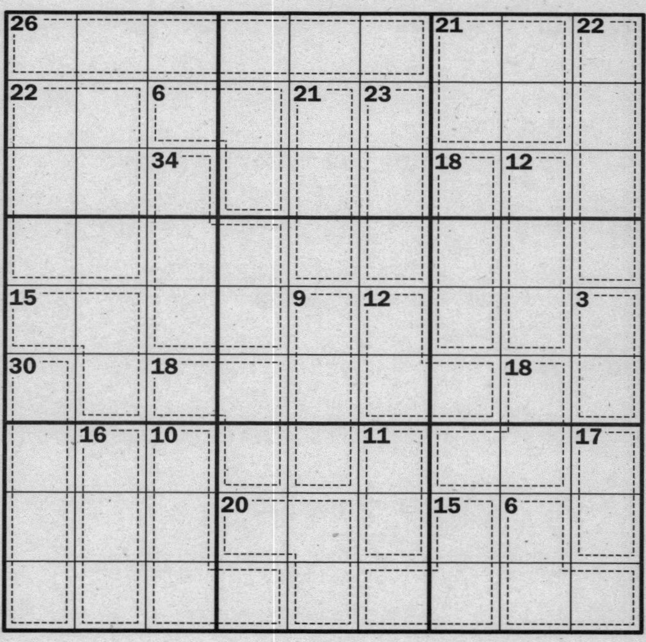


**Hard**

# 158

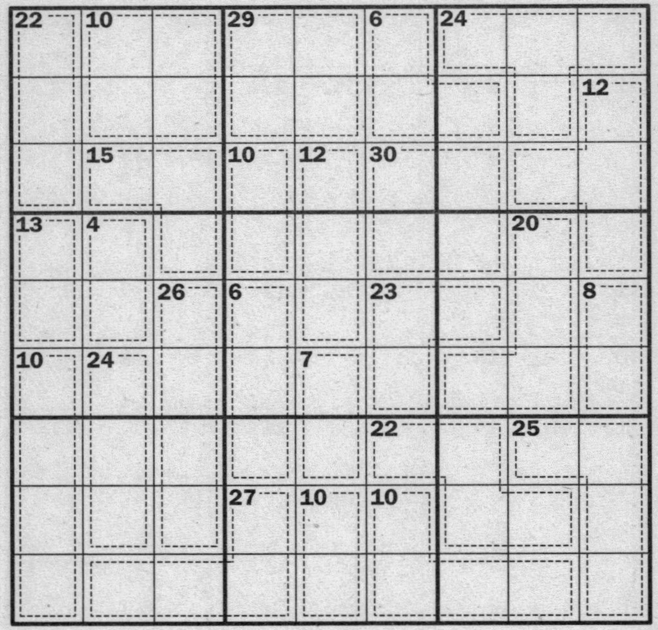

# 159

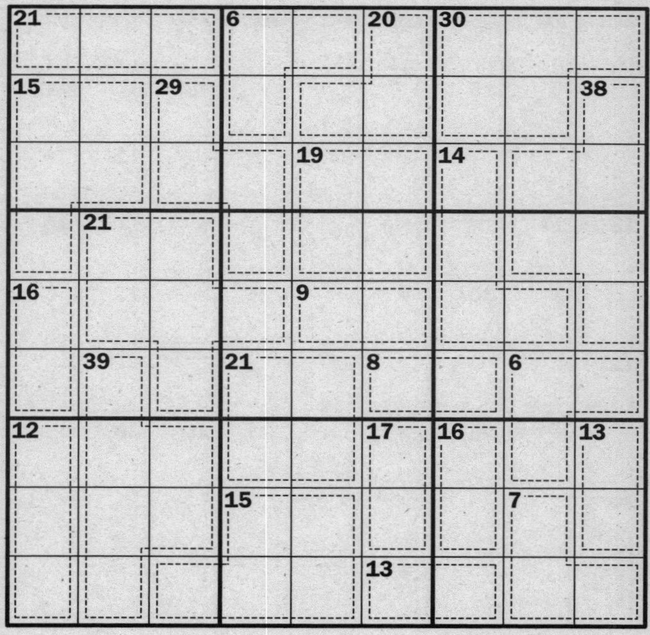


**Hard**

# 160

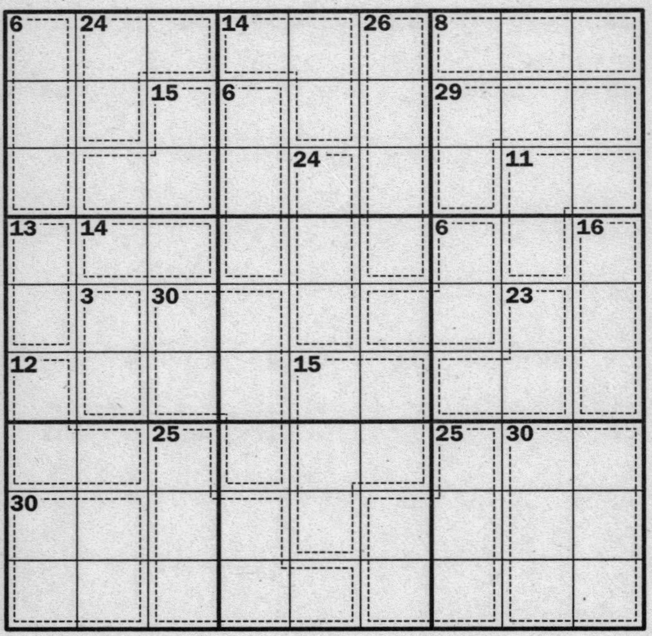

| 11 | 13 | 4 | 29 | 16 | | 3 | 19 | |
| | | | | 10 | | | 26 | |
| 21 | | | | | | | | |
| 13 | | | 23 | | | 24 | | |
| | | | | 16 | | | | 42 |
| 13 | | 24 | 6 | | 20 | | | |
| | 6 | | | | | | | |
| 17 | | | | 29 | | 20 | | |
| | | | | | | | | |

# 162

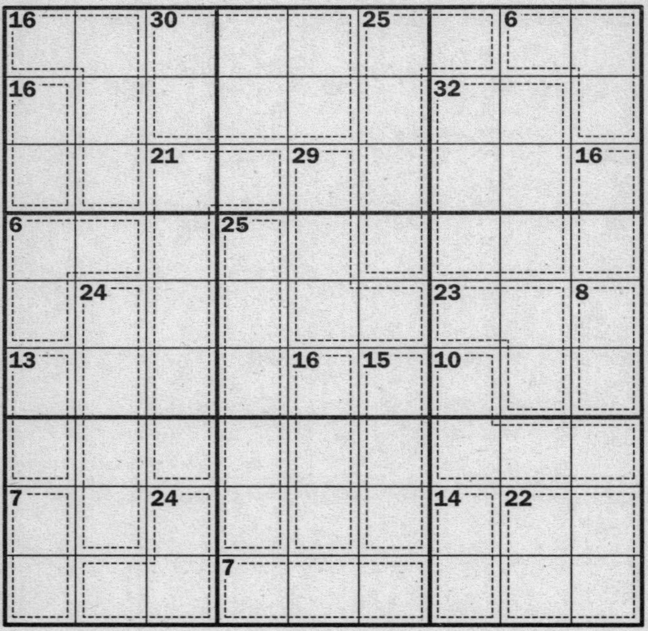

## 163

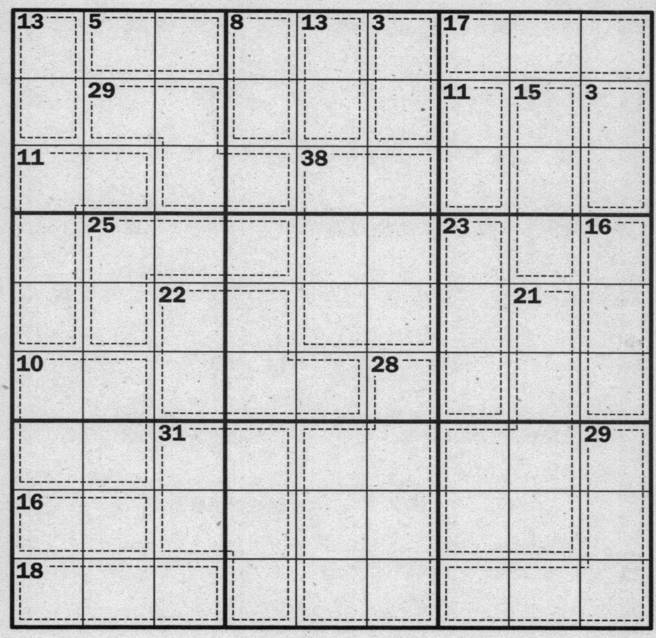


Challenging

# 164

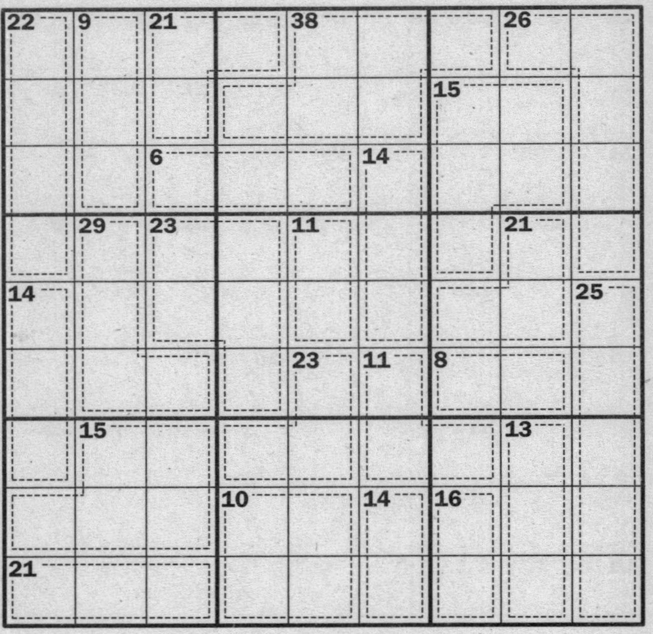

# 165

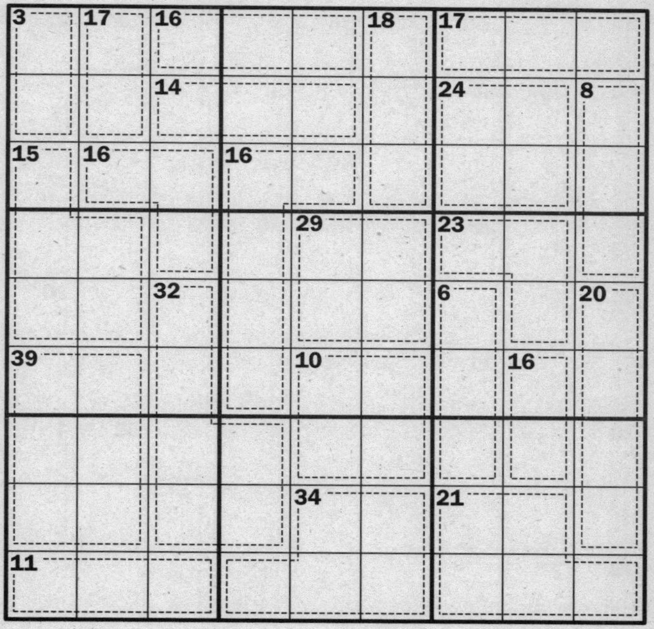


Challenging

# 166

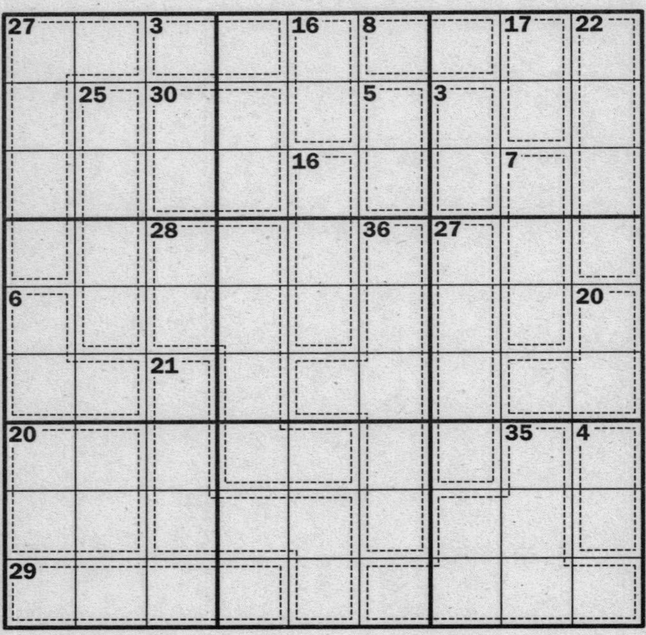

| 16 | 5 | 15 | 15 | 29 | 7 | | | 12 |
|----|----|----|----|----|----|----|----|----|
| | | | | | 20 | | | |
| | 16 | | 7 | | 15 | | | |
| 6 | | | | | 25 | | 11 | |
| | 26 | 32 | | 15 | | | | |
| | | | | | | 30 | | |
| 28 | | | | 29 | 8 | | | |
| | | 21 | | | | 17 | | |
| | | | | | | | | |

# 168

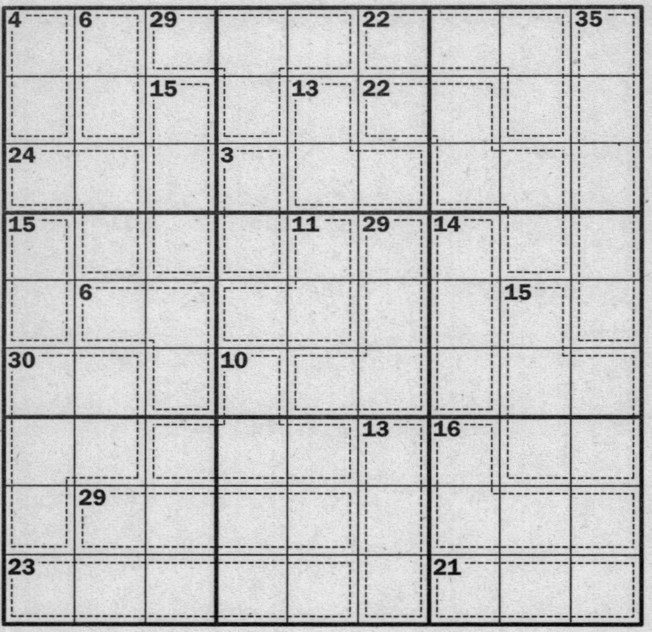

# 169

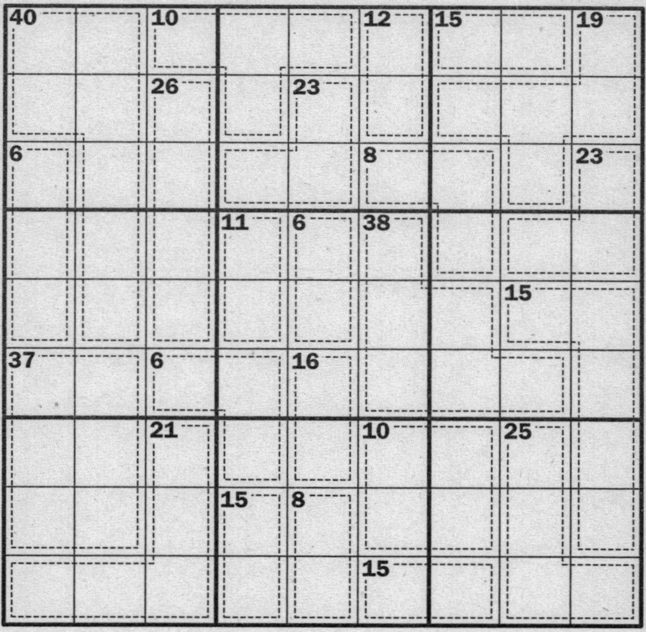


Challenging

# 170

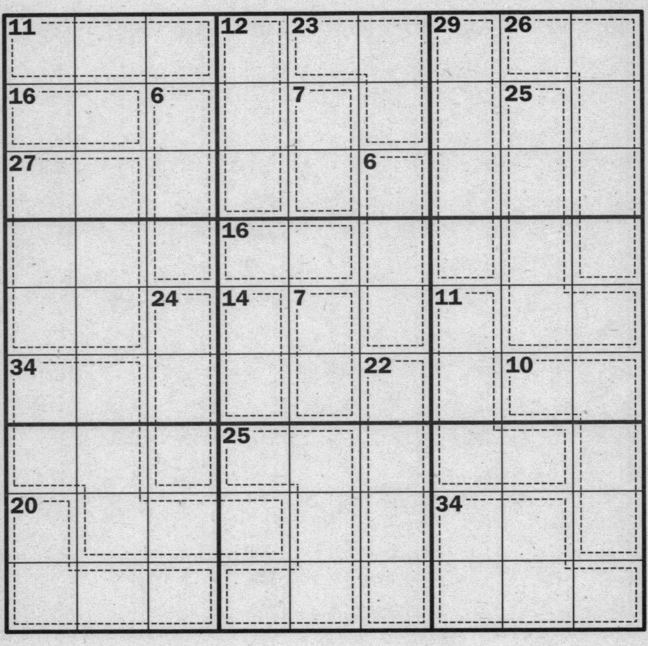

# 171

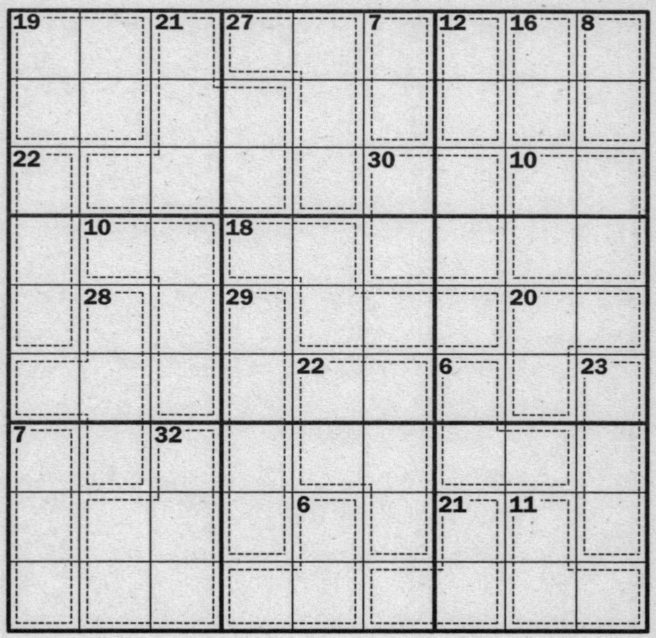


Challenging

# 172

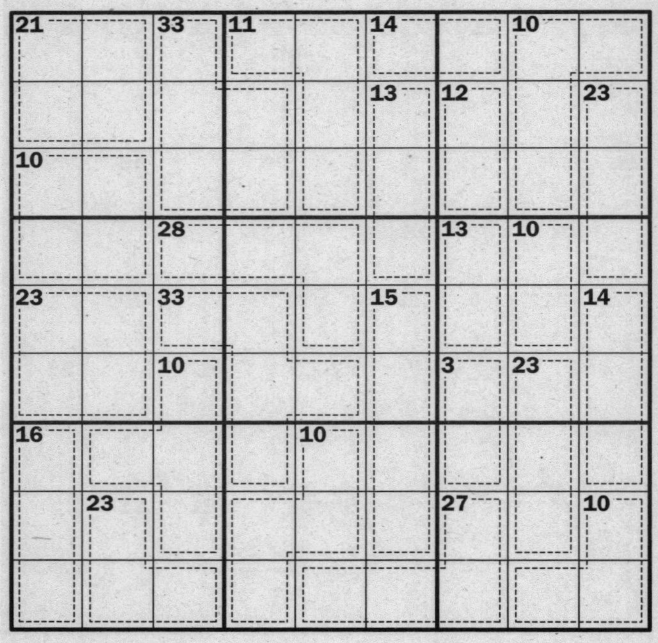

# 173

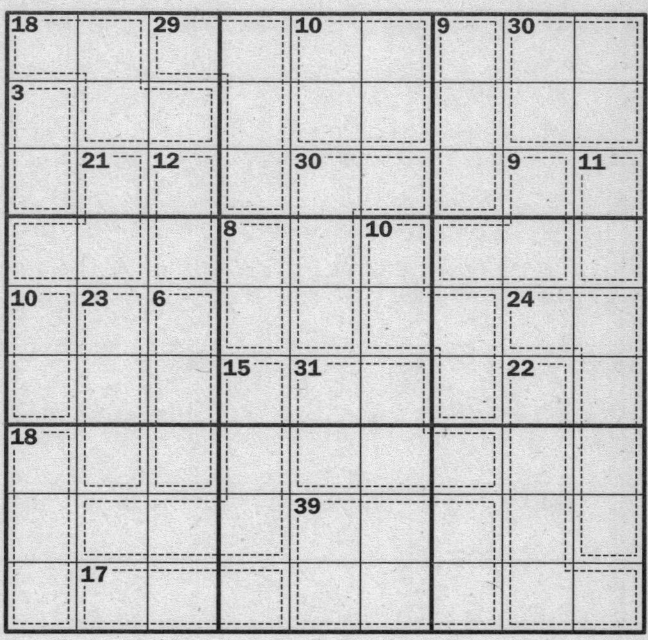


Challenging

# 174

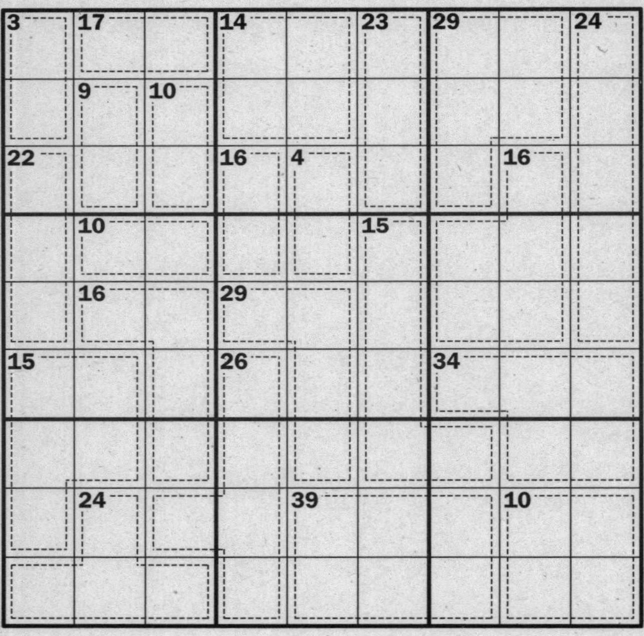

| 11 | | 19 | | 10 | | 3 | 29 | |
| 12 | | | 13 | | 20 | | | |
| | 15 | | | | | 12 | | 18 |
| 19 | | 21 | | 17 | | | 17 | |
| | | 16 | | | | | | |
| | 33 | | | | 27 | | 17 | 11 |
| | | 21 | | 22 | | | | |
| | | | | | 4 | | | |
| | | | | | 15 | | 3 | |

# 176

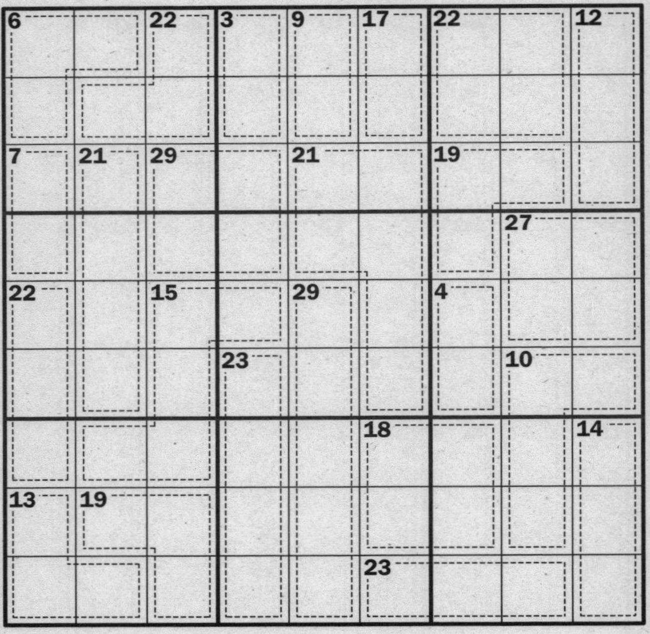

# 177

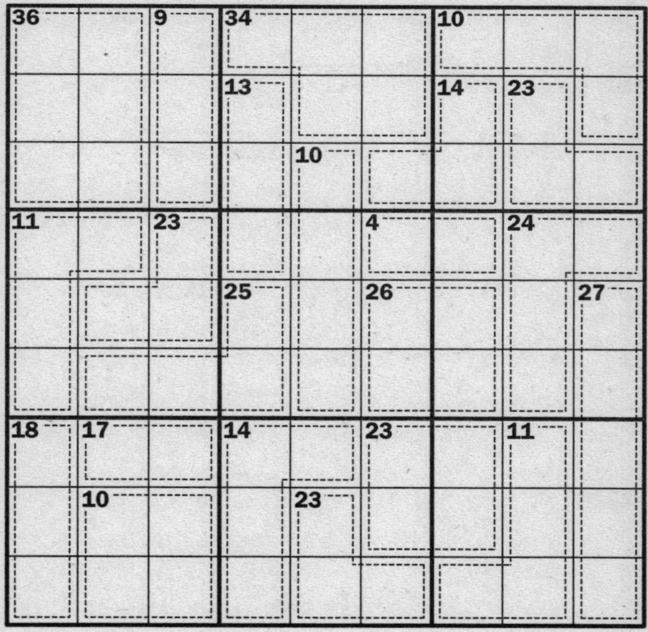


**Challenging**

| 10 | | | 26 | | | 3 | 38 | |
| 29 | | 22 | | 15 | | | | |
| | 27 | | | | 23 | 20 | | |
| | | | | | | | | 21 |
| | | | | | 11 | 13 | | |
| 3 | 4 | 31 | | 16 | | | | |
| | | | 26 | | 24 | | | |
| 22 | | | | | | | | |
| | 15 | | | 6 | | | | |

| 16 | 6 | | 9 | | 29 | | | |
|----|----|----|----|----|----|----|----|----|
| | | | 15 | 3 | | 14 | 14 | 19 |
| 15 | 17 | 11 | | 15 | | | | |
| | | | | | | | | |
| 14 | | | 35 | 15 | 21 | | | |
| 6 | | | | | | | 20 | |
| 25 | | | | 21 | | | 38 | |
| | | | | 27 | | | | |
| | | | | | | | | |

# 180

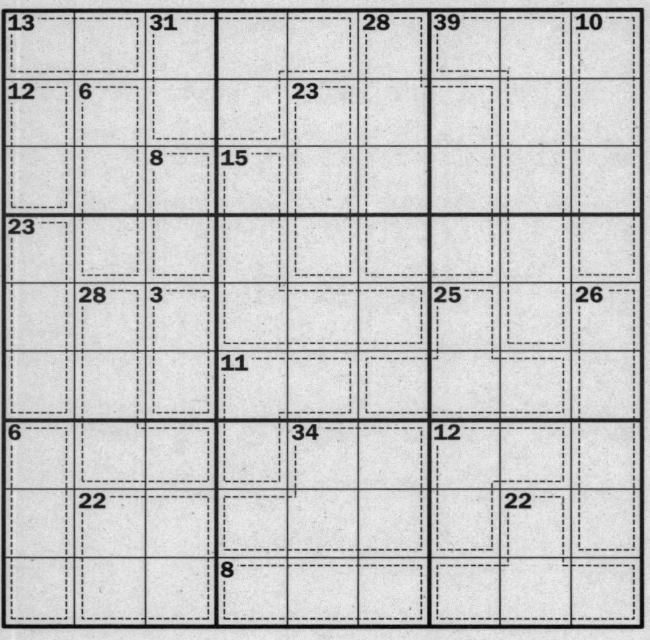

# 181

| 7 | 11 | 15 | | | 10 | 5 | 17 | 18 |
|---|----|----|--|--|----|---|----|----|
|   |    | 29 |  | 17 |   | 21 |   |    |
| 3 | 34 |    |  |   |   |   |    |    |
|   |    |    |  |   |   |   |    |    |
| 12 | 4 | 12 |  |   | 25 |   | 36 |   |
|    |   |    | 34 |  |   |   |    |   |
| 26 |   |    |   |  |   |   |    |   |
|    |   | 17 | 11 |  | 41 |   |    |   |
|    |   |    |   |  |   |   |    |   |

# 182

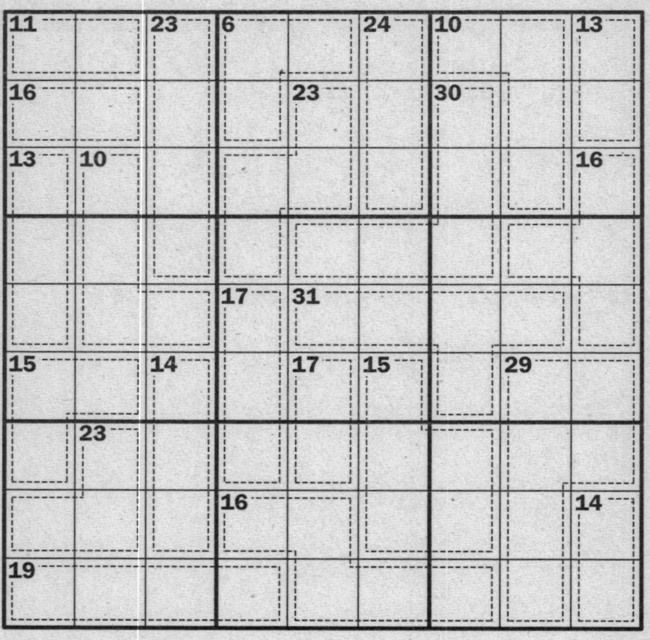

# 183

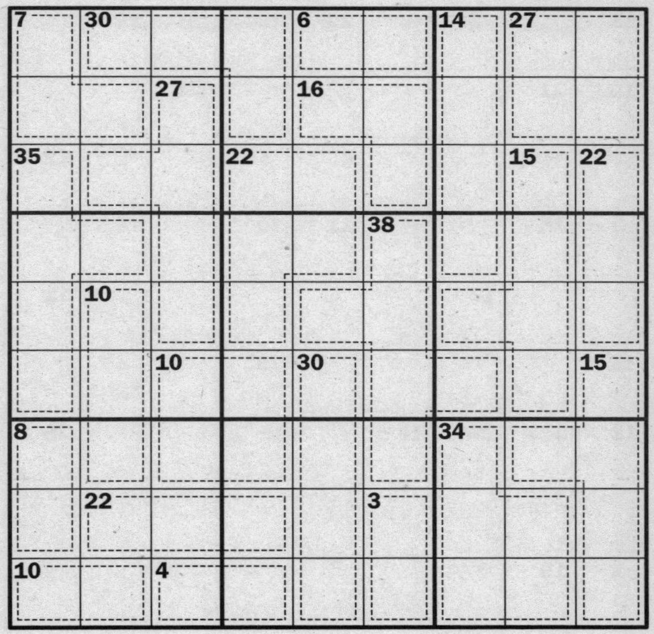

Challenging

# 184

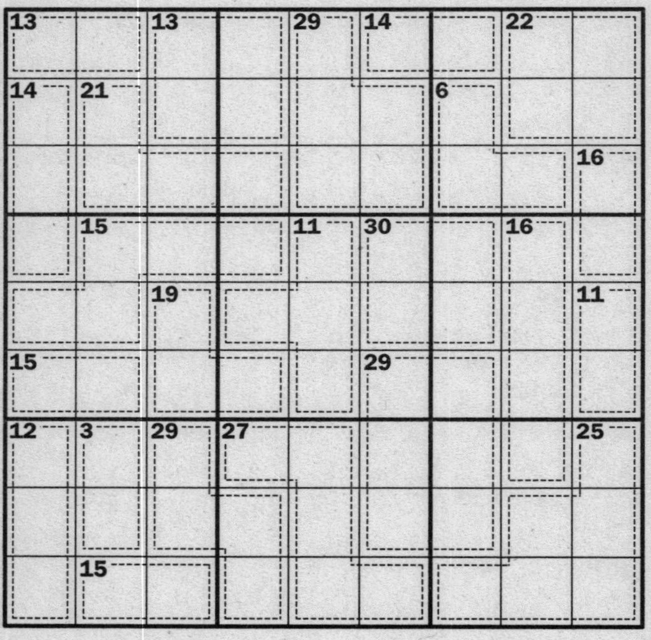

# 185

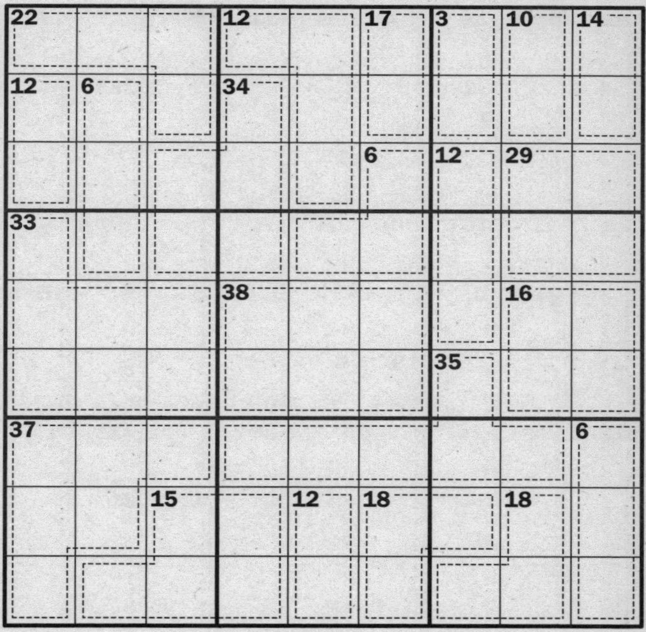


Challenging

# 186

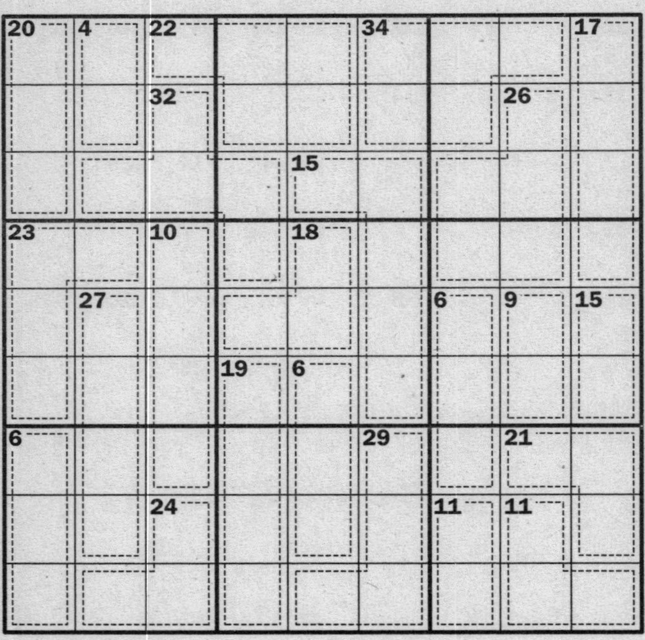

# 187

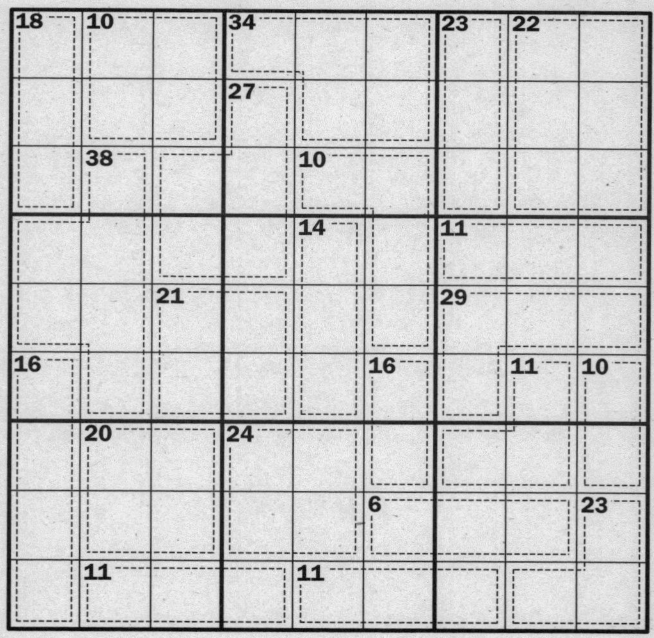
18
10
34
23
22
27
38
10
14
11
21
29
16
16
11
10
20
24
6
23
11
11

**Challenging**

# 188

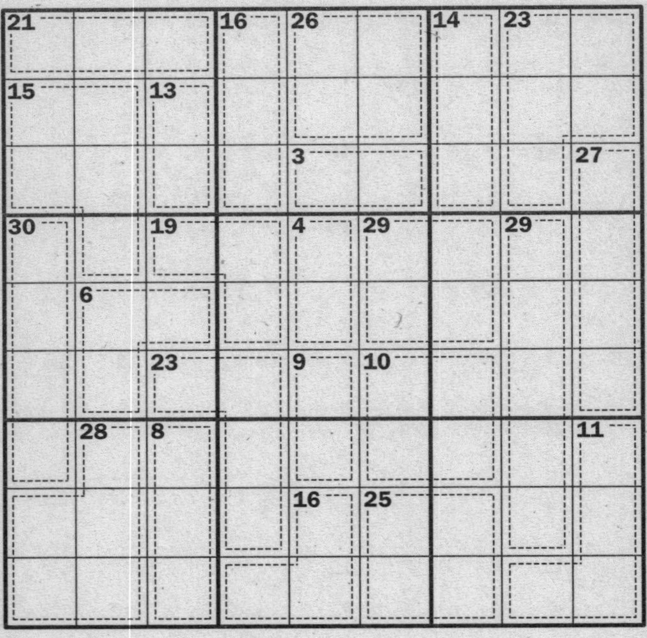

# 189

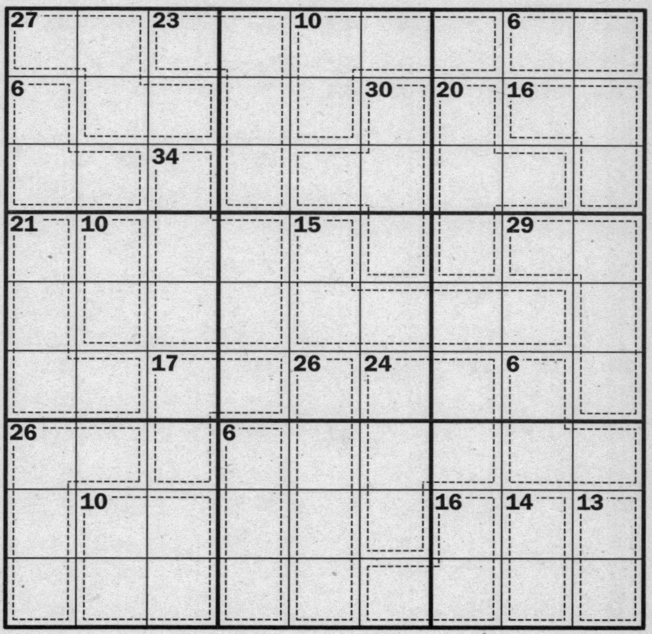


Challenging

# 190

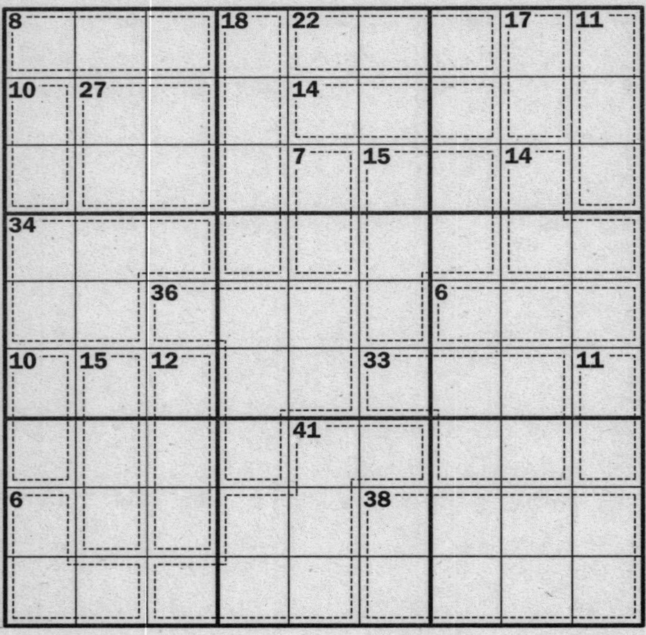

# 191

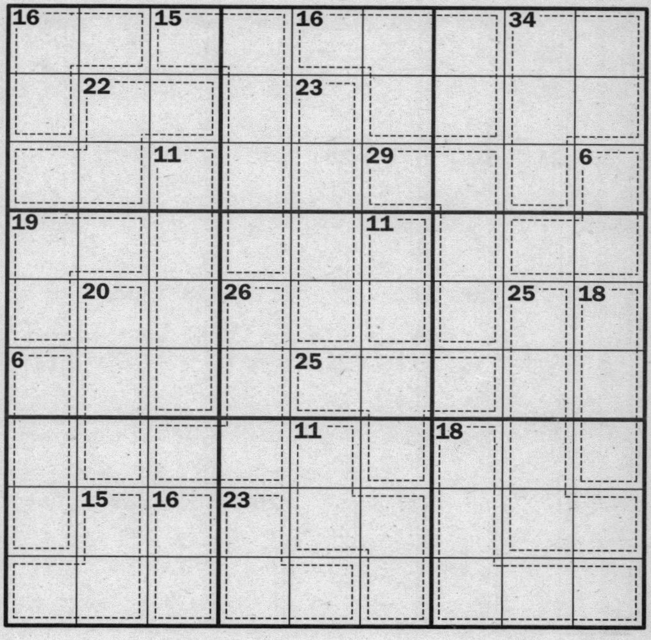


Challenging

# 192

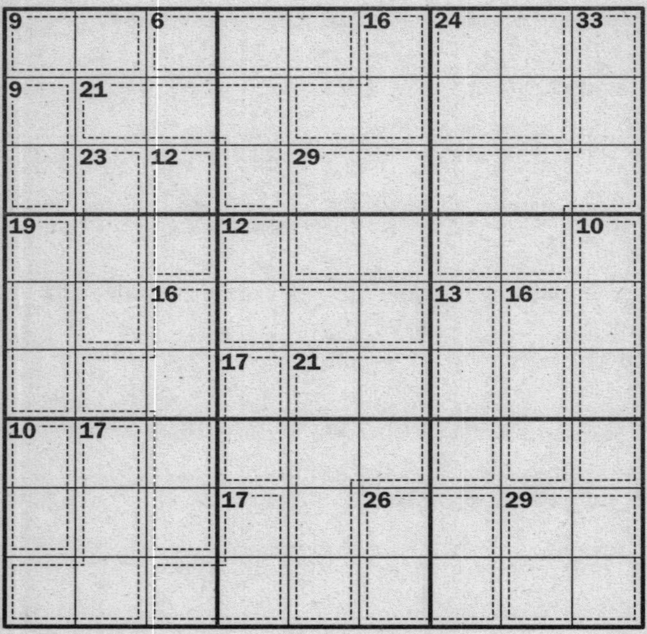

# 193

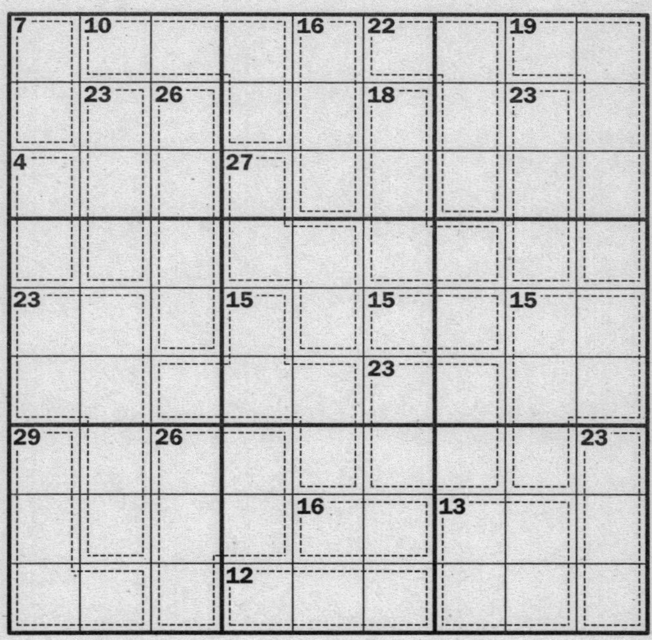


Challenging

# 194

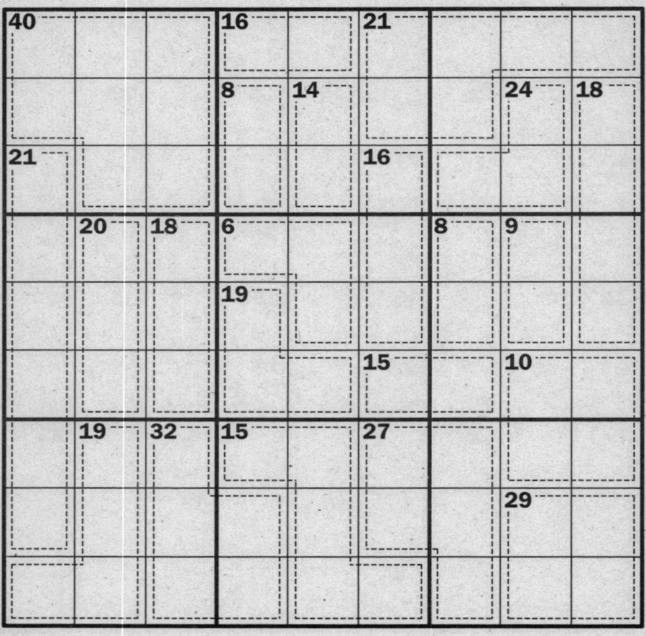

# 195

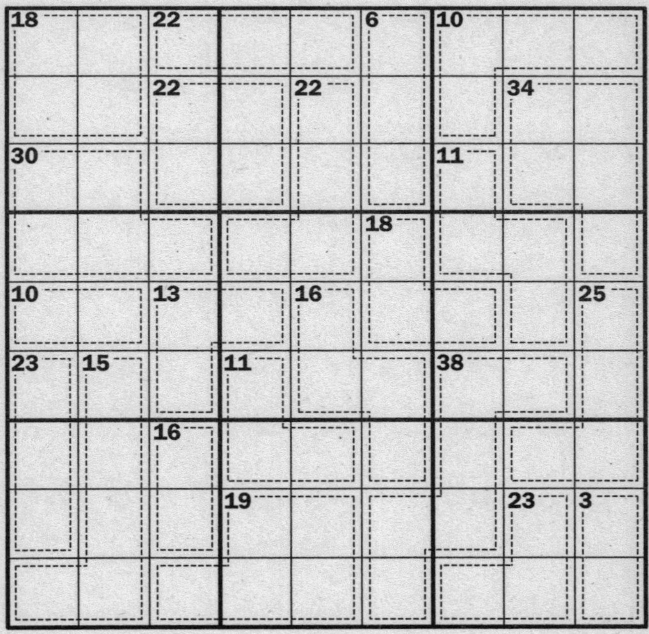


Challenging

# 196

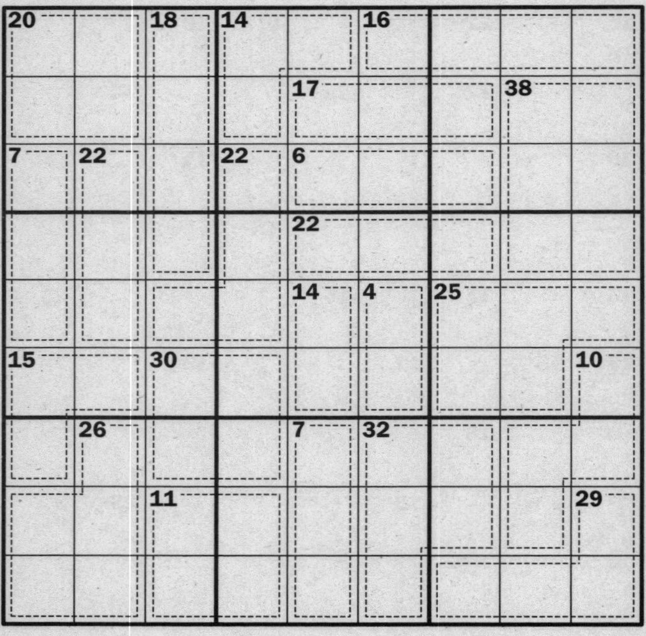

| 13 | | 16 | 24 | | 15 | 21 | | |
| 23 | | | | | | 16 | | |
| | | | | 22 | | | | 29 |
| 6 | | | 15 | | | 10 | | |
| 11 | 16 | 13 | | 35 | | | | |
| | | | | | | | 18 | |
| 21 | | | 32 | | | 19 | | |
| | | | | | | | 11 | |
| | | | 19 | | | | | |

# 198

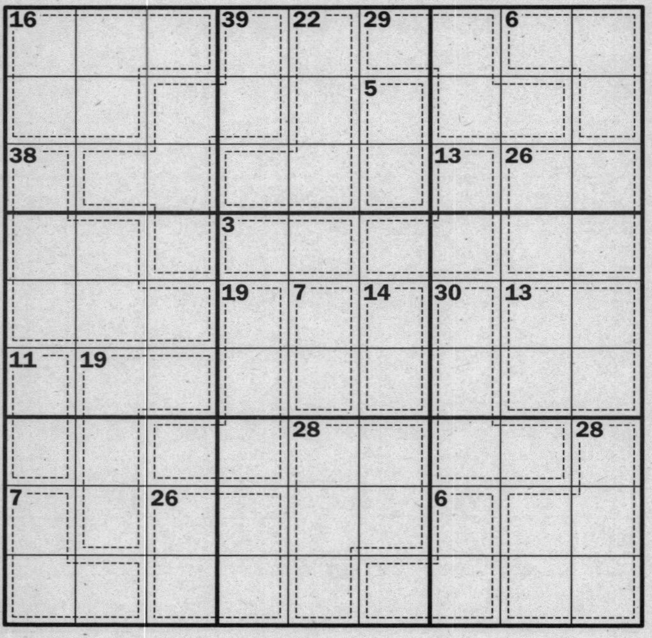

199

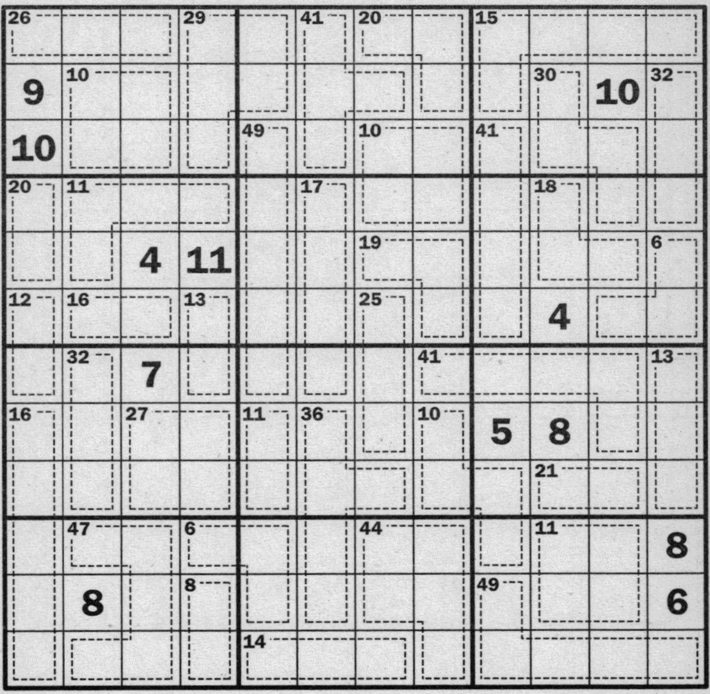

Monster

# 200

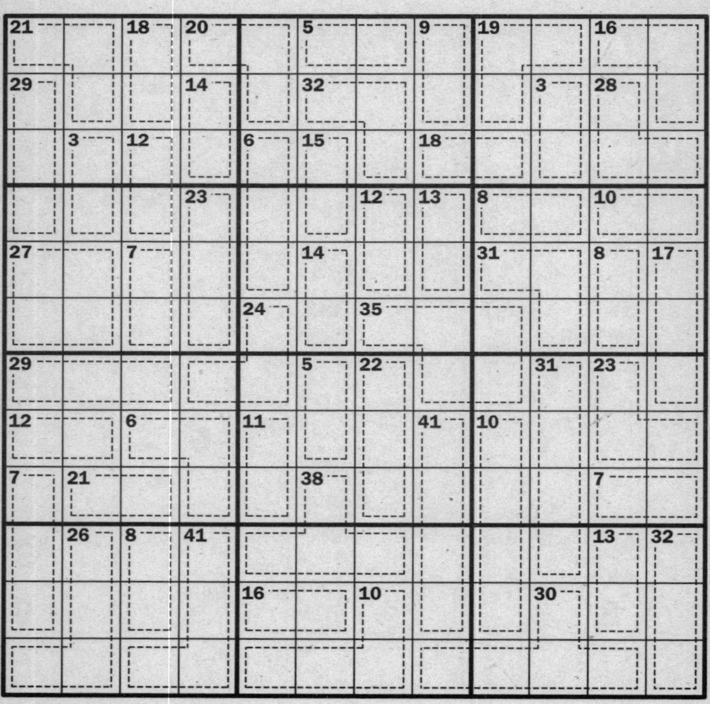

# SOLUTIONS

**1**

| 1 | 6 | 4 | 5 | 3 | 2 |
|---|---|---|---|---|---|
| 3 | 5 | 2 | 4 | 6 | 1 |
| 2 | 1 | 6 | 3 | 5 | 4 |
| 4 | 3 | 5 | 1 | 2 | 6 |
| 6 | 4 | 3 | 2 | 1 | 5 |
| 5 | 2 | 1 | 6 | 4 | 3 |

**2**

| 6 | 2 | 1 | 3 | 4 | 5 |
|---|---|---|---|---|---|
| 3 | 4 | 5 | 1 | 6 | 2 |
| 2 | 1 | 4 | 6 | 5 | 3 |
| 5 | 3 | 6 | 2 | 1 | 4 |
| 1 | 5 | 2 | 4 | 3 | 6 |
| 4 | 6 | 3 | 5 | 2 | 1 |

**3**

| 4 | 5 | 2 | 6 | 3 | 1 |
|---|---|---|---|---|---|
| 3 | 6 | 1 | 5 | 2 | 4 |
| 5 | 3 | 6 | 1 | 4 | 2 |
| 2 | 1 | 4 | 3 | 5 | 6 |
| 1 | 2 | 5 | 4 | 6 | 3 |
| 6 | 4 | 3 | 2 | 1 | 5 |

**4**

| 1 | 4 | 6 | 2 | 5 | 3 |
|---|---|---|---|---|---|
| 2 | 3 | 5 | 4 | 1 | 6 |
| 6 | 5 | 3 | 1 | 2 | 4 |
| 4 | 2 | 1 | 3 | 6 | 5 |
| 3 | 6 | 2 | 5 | 4 | 1 |
| 5 | 1 | 4 | 6 | 3 | 2 |

**5**

| 3 | 6 | 2 | 4 | 5 | 1 |
|---|---|---|---|---|---|
| 1 | 4 | 5 | 6 | 3 | 2 |
| 2 | 3 | 6 | 5 | 1 | 4 |
| 5 | 1 | 4 | 2 | 6 | 3 |
| 6 | 2 | 3 | 1 | 4 | 5 |
| 4 | 5 | 1 | 3 | 2 | 6 |

**6**

| 6 | 1 | 3 | 2 | 4 | 5 |
|---|---|---|---|---|---|
| 2 | 4 | 5 | 6 | 3 | 1 |
| 1 | 5 | 2 | 3 | 6 | 4 |
| 3 | 6 | 4 | 5 | 1 | 2 |
| 5 | 3 | 1 | 4 | 2 | 6 |
| 4 | 2 | 6 | 1 | 5 | 3 |

**7**

| 1 | 2 | 5 | 3 | 6 | 4 |
|---|---|---|---|---|---|
| 3 | 4 | 6 | 5 | 1 | 2 |
| 4 | 5 | 2 | 6 | 3 | 1 |
| 6 | 3 | 1 | 2 | 4 | 5 |
| 2 | 1 | 3 | 4 | 5 | 6 |
| 5 | 6 | 4 | 1 | 2 | 3 |

**8**

| 5 | 6 | 1 | 4 | 2 | 3 |
|---|---|---|---|---|---|
| 3 | 2 | 4 | 6 | 1 | 5 |
| 6 | 1 | 2 | 3 | 5 | 4 |
| 4 | 5 | 3 | 1 | 6 | 2 |
| 2 | 3 | 6 | 5 | 4 | 1 |
| 1 | 4 | 5 | 2 | 3 | 6 |

**9**

| 5 | 6 | 3 | 4 | 1 | 2 |
|---|---|---|---|---|---|
| 2 | 4 | 1 | 3 | 5 | 6 |
| 6 | 1 | 2 | 5 | 3 | 4 |
| 4 | 3 | 5 | 2 | 6 | 1 |
| 3 | 2 | 6 | 1 | 4 | 5 |
| 1 | 5 | 4 | 6 | 2 | 3 |

**10**

| 1 | 5 | 6 | 4 | 2 | 3 |
|---|---|---|---|---|---|
| 2 | 3 | 4 | 1 | 5 | 6 |
| 6 | 1 | 2 | 3 | 4 | 5 |
| 3 | 4 | 5 | 6 | 1 | 2 |
| 4 | 2 | 3 | 5 | 6 | 1 |
| 5 | 6 | 1 | 2 | 3 | 4 |

**11**

| 3 | 5 | 6 | 2 | 1 | 4 |
|---|---|---|---|---|---|
| 2 | 1 | 4 | 5 | 6 | 3 |
| 1 | 4 | 3 | 6 | 5 | 2 |
| 5 | 6 | 2 | 4 | 3 | 1 |
| 4 | 3 | 5 | 1 | 2 | 6 |
| 6 | 2 | 1 | 3 | 4 | 5 |

**12**

| 5 | 6 | 4 | 1 | 2 | 3 |
|---|---|---|---|---|---|
| 1 | 3 | 2 | 5 | 6 | 4 |
| 2 | 4 | 3 | 6 | 5 | 1 |
| 6 | 1 | 5 | 3 | 4 | 2 |
| 3 | 2 | 6 | 4 | 1 | 5 |
| 4 | 5 | 1 | 2 | 3 | 6 |

**13**

| 3 | 5 | 1 | 4 | 6 | 2 |
|---|---|---|---|---|---|
| 4 | 2 | 6 | 5 | 1 | 3 |
| 5 | 1 | 2 | 6 | 3 | 4 |
| 6 | 3 | 4 | 1 | 2 | 5 |
| 2 | 6 | 5 | 3 | 4 | 1 |
| 1 | 4 | 3 | 2 | 5 | 6 |

**14**

| 3 | 6 | 1 | 2 | 5 | 4 |
|---|---|---|---|---|---|
| 2 | 4 | 5 | 3 | 6 | 1 |
| 4 | 3 | 6 | 1 | 2 | 5 |
| 5 | 1 | 2 | 4 | 3 | 6 |
| 6 | 2 | 4 | 5 | 1 | 3 |
| 1 | 5 | 3 | 6 | 4 | 2 |

**15**

| 5 | 3 | 2 | 6 | 4 | 1 |
|---|---|---|---|---|---|
| 6 | 1 | 4 | 3 | 5 | 2 |
| 1 | 4 | 6 | 2 | 3 | 5 |
| 2 | 5 | 3 | 1 | 6 | 4 |
| 3 | 2 | 5 | 4 | 1 | 6 |
| 4 | 6 | 1 | 5 | 2 | 3 |

**16**

| 1 | 6 | 5 | 4 | 3 | 2 |
|---|---|---|---|---|---|
| 3 | 2 | 4 | 1 | 5 | 6 |
| 4 | 5 | 1 | 2 | 6 | 3 |
| 2 | 3 | 6 | 5 | 1 | 4 |
| 5 | 4 | 3 | 6 | 2 | 1 |
| 6 | 1 | 2 | 3 | 4 | 5 |

**17**

| 4 | 3 | 2 | 1 | 6 | 5 |
|---|---|---|---|---|---|
| 1 | 5 | 6 | 4 | 2 | 3 |
| 2 | 1 | 4 | 5 | 3 | 6 |
| 5 | 6 | 3 | 2 | 4 | 1 |
| 6 | 4 | 5 | 3 | 1 | 2 |
| 3 | 2 | 1 | 6 | 5 | 4 |

**18**

| 3 | 6 | 4 | 5 | 2 | 1 |
|---|---|---|---|---|---|
| 1 | 2 | 5 | 6 | 3 | 4 |
| 2 | 4 | 3 | 1 | 6 | 5 |
| 6 | 5 | 1 | 2 | 4 | 3 |
| 5 | 3 | 2 | 4 | 1 | 6 |
| 4 | 1 | 6 | 3 | 5 | 2 |

**19**

| 1 | 2 | 5 | 6 | 4 | 3 |
|---|---|---|---|---|---|
| 4 | 6 | 3 | 5 | 2 | 1 |
| 6 | 3 | 1 | 2 | 5 | 4 |
| 2 | 5 | 4 | 3 | 1 | 6 |
| 5 | 1 | 6 | 4 | 3 | 2 |
| 3 | 4 | 2 | 1 | 6 | 5 |

**20**

| 5 | 4 | 2 | 1 | 3 | 6 |
|---|---|---|---|---|---|
| 1 | 6 | 3 | 2 | 5 | 4 |
| 2 | 5 | 6 | 4 | 1 | 3 |
| 3 | 1 | 4 | 5 | 6 | 2 |
| 6 | 2 | 5 | 3 | 4 | 1 |
| 4 | 3 | 1 | 6 | 2 | 5 |

**21**

| 8 | 6 | 2 | 1 | 3 | 5 | 9 | 7 | 4 |
| 1 | 4 | 5 | 9 | 2 | 7 | 8 | 6 | 3 |
| 3 | 9 | 7 | 6 | 8 | 4 | 5 | 1 | 2 |
| 4 | 7 | 8 | 5 | 6 | 3 | 1 | 2 | 9 |
| 2 | 1 | 6 | 7 | 9 | 8 | 4 | 3 | 5 |
| 9 | 5 | 3 | 4 | 1 | 2 | 7 | 8 | 6 |
| 7 | 3 | 1 | 2 | 4 | 9 | 6 | 5 | 8 |
| 6 | 2 | 4 | 8 | 5 | 1 | 3 | 9 | 7 |
| 5 | 8 | 9 | 3 | 7 | 6 | 2 | 4 | 1 |

**22**

| 8 | 3 | 4 | 9 | 2 | 7 | 6 | 1 | 5 |
| 5 | 2 | 1 | 3 | 6 | 8 | 7 | 4 | 9 |
| 6 | 9 | 7 | 1 | 5 | 4 | 3 | 2 | 8 |
| 7 | 8 | 2 | 4 | 3 | 6 | 5 | 9 | 1 |
| 9 | 6 | 3 | 8 | 1 | 5 | 4 | 7 | 2 |
| 1 | 4 | 5 | 7 | 9 | 2 | 8 | 6 | 3 |
| 2 | 7 | 6 | 5 | 8 | 1 | 9 | 3 | 4 |
| 4 | 5 | 9 | 2 | 7 | 3 | 1 | 8 | 6 |
| 3 | 1 | 8 | 6 | 4 | 9 | 2 | 5 | 7 |

**23**

| 3 | 7 | 2 | 5 | 4 | 1 | 8 | 6 | 9 |
| 6 | 1 | 8 | 7 | 9 | 2 | 4 | 3 | 5 |
| 5 | 4 | 9 | 6 | 8 | 3 | 2 | 7 | 1 |
| 9 | 2 | 7 | 3 | 6 | 5 | 1 | 4 | 8 |
| 4 | 3 | 5 | 9 | 1 | 8 | 7 | 2 | 6 |
| 8 | 6 | 1 | 4 | 2 | 7 | 9 | 5 | 3 |
| 1 | 8 | 3 | 2 | 7 | 6 | 5 | 9 | 4 |
| 2 | 5 | 4 | 1 | 3 | 9 | 6 | 8 | 7 |
| 7 | 9 | 6 | 8 | 5 | 4 | 3 | 1 | 2 |

**24**

| 6 | 4 | 5 | 8 | 2 | 3 | 1 | 9 | 7 |
| 9 | 2 | 1 | 7 | 6 | 5 | 8 | 4 | 3 |
| 8 | 7 | 3 | 4 | 1 | 9 | 6 | 5 | 2 |
| 7 | 6 | 9 | 2 | 5 | 8 | 4 | 3 | 1 |
| 4 | 5 | 2 | 1 | 3 | 7 | 9 | 8 | 6 |
| 1 | 3 | 8 | 6 | 9 | 4 | 7 | 2 | 5 |
| 5 | 8 | 6 | 9 | 7 | 2 | 3 | 1 | 4 |
| 3 | 9 | 7 | 5 | 4 | 1 | 2 | 6 | 8 |
| 2 | 1 | 4 | 3 | 8 | 6 | 5 | 7 | 9 |

**25**

| 8 | 3 | 6 | 1 | 5 | 7 | 9 | 2 | 4 |
| 9 | 2 | 5 | 4 | 3 | 8 | 7 | 1 | 6 |
| 1 | 4 | 7 | 6 | 9 | 2 | 3 | 5 | 8 |
| 2 | 8 | 9 | 7 | 4 | 1 | 6 | 3 | 5 |
| 6 | 5 | 1 | 3 | 8 | 9 | 4 | 7 | 2 |
| 4 | 7 | 3 | 2 | 6 | 5 | 8 | 9 | 1 |
| 7 | 9 | 2 | 8 | 1 | 4 | 5 | 6 | 3 |
| 5 | 6 | 8 | 9 | 2 | 3 | 1 | 4 | 7 |
| 3 | 1 | 4 | 5 | 7 | 6 | 2 | 8 | 9 |

**26**

| 2 | 8 | 3 | 7 | 1 | 6 | 4 | 5 | 9 |
| 1 | 9 | 5 | 4 | 2 | 8 | 3 | 7 | 6 |
| 4 | 6 | 7 | 9 | 3 | 5 | 2 | 1 | 8 |
| 6 | 4 | 8 | 5 | 9 | 1 | 7 | 3 | 2 |
| 3 | 5 | 2 | 6 | 8 | 7 | 9 | 4 | 1 |
| 9 | 7 | 1 | 2 | 4 | 3 | 8 | 6 | 5 |
| 5 | 2 | 6 | 8 | 7 | 4 | 1 | 9 | 3 |
| 7 | 1 | 9 | 3 | 6 | 2 | 5 | 8 | 4 |
| 8 | 3 | 4 | 1 | 5 | 9 | 6 | 2 | 7 |

**27**

| 8 | 6 | 1 | 5 | 3 | 9 | 4 | 2 | 7 |
| 5 | 7 | 3 | 4 | 8 | 2 | 9 | 1 | 6 |
| 2 | 4 | 9 | 6 | 7 | 1 | 8 | 3 | 5 |
| 1 | 3 | 6 | 8 | 9 | 5 | 7 | 4 | 2 |
| 4 | 2 | 8 | 7 | 6 | 3 | 5 | 9 | 1 |
| 7 | 9 | 5 | 2 | 1 | 4 | 6 | 8 | 3 |
| 9 | 8 | 7 | 1 | 2 | 6 | 3 | 5 | 4 |
| 6 | 1 | 4 | 3 | 5 | 8 | 2 | 7 | 9 |
| 3 | 5 | 2 | 9 | 4 | 7 | 1 | 6 | 8 |

**28**

| 3 | 1 | 2 | 7 | 8 | 5 | 4 | 6 | 9 |
| 6 | 8 | 4 | 9 | 3 | 1 | 5 | 7 | 2 |
| 5 | 9 | 7 | 6 | 4 | 2 | 8 | 3 | 1 |
| 7 | 6 | 9 | 8 | 2 | 3 | 1 | 5 | 4 |
| 1 | 4 | 8 | 5 | 7 | 6 | 2 | 9 | 3 |
| 2 | 5 | 3 | 1 | 9 | 4 | 6 | 8 | 7 |
| 4 | 7 | 6 | 3 | 1 | 8 | 9 | 2 | 5 |
| 9 | 2 | 5 | 4 | 6 | 7 | 3 | 1 | 8 |
| 8 | 3 | 1 | 2 | 5 | 9 | 7 | 4 | 6 |

Solutions

**29**

| 9 | 7 | 6 | 5 | 8 | 2 | 1 | 4 | 3 |
| 8 | 4 | 3 | 6 | 9 | 1 | 5 | 7 | 2 |
| 5 | 2 | 1 | 7 | 4 | 3 | 9 | 6 | 8 |
| 4 | 3 | 9 | 8 | 6 | 5 | 7 | 2 | 1 |
| 1 | 5 | 7 | 4 | 2 | 9 | 8 | 3 | 6 |
| 6 | 8 | 2 | 1 | 3 | 7 | 4 | 5 | 9 |
| 7 | 9 | 4 | 3 | 1 | 6 | 2 | 8 | 5 |
| 3 | 1 | 8 | 2 | 5 | 4 | 6 | 9 | 7 |
| 2 | 6 | 5 | 9 | 7 | 8 | 3 | 1 | 4 |

**30**

| 5 | 7 | 6 | 1 | 2 | 9 | 3 | 8 | 4 |
| 8 | 2 | 1 | 3 | 4 | 5 | 7 | 6 | 9 |
| 9 | 4 | 3 | 7 | 6 | 8 | 1 | 5 | 2 |
| 6 | 1 | 4 | 5 | 9 | 2 | 8 | 3 | 7 |
| 7 | 3 | 9 | 6 | 8 | 1 | 4 | 2 | 5 |
| 2 | 5 | 8 | 4 | 3 | 7 | 9 | 1 | 6 |
| 3 | 9 | 7 | 2 | 1 | 6 | 5 | 4 | 8 |
| 1 | 8 | 2 | 9 | 5 | 4 | 6 | 7 | 3 |
| 4 | 6 | 5 | 8 | 7 | 3 | 2 | 9 | 1 |

**31**

| 3 | 2 | 9 | 8 | 6 | 7 | 4 | 5 | 1 |
|---|---|---|---|---|---|---|---|---|
| 8 | 1 | 4 | 2 | 5 | 3 | 6 | 7 | 9 |
| 5 | 7 | 6 | 1 | 9 | 4 | 8 | 2 | 3 |
| 2 | 3 | 5 | 4 | 8 | 6 | 9 | 1 | 7 |
| 6 | 4 | 7 | 9 | 3 | 1 | 2 | 8 | 5 |
| 9 | 8 | 1 | 5 | 7 | 2 | 3 | 6 | 4 |
| 4 | 5 | 2 | 3 | 1 | 8 | 7 | 9 | 6 |
| 1 | 6 | 3 | 7 | 2 | 9 | 5 | 4 | 8 |
| 7 | 9 | 8 | 6 | 4 | 5 | 1 | 3 | 2 |

**32**

| 4 | 5 | 9 | 3 | 6 | 7 | 8 | 1 | 2 |
|---|---|---|---|---|---|---|---|---|
| 6 | 7 | 1 | 2 | 8 | 5 | 9 | 3 | 4 |
| 2 | 8 | 3 | 1 | 9 | 4 | 6 | 5 | 7 |
| 1 | 9 | 6 | 4 | 5 | 8 | 2 | 7 | 3 |
| 5 | 2 | 7 | 9 | 1 | 3 | 4 | 6 | 8 |
| 8 | 3 | 4 | 6 | 7 | 2 | 5 | 9 | 1 |
| 7 | 4 | 5 | 8 | 3 | 9 | 1 | 2 | 6 |
| 3 | 1 | 2 | 5 | 4 | 6 | 7 | 8 | 9 |
| 9 | 6 | 8 | 7 | 2 | 1 | 3 | 4 | 5 |

**33**

| 4 | 1 | 7 | 3 | 8 | 5 | 9 | 6 | 2 |
| 8 | 2 | 5 | 1 | 6 | 9 | 7 | 3 | 4 |
| 9 | 6 | 3 | 2 | 4 | 7 | 1 | 5 | 8 |
| 7 | 9 | 2 | 4 | 1 | 3 | 6 | 8 | 5 |
| 1 | 8 | 4 | 5 | 9 | 6 | 3 | 2 | 7 |
| 3 | 5 | 6 | 7 | 2 | 8 | 4 | 1 | 9 |
| 6 | 7 | 8 | 9 | 5 | 1 | 2 | 4 | 3 |
| 5 | 4 | 9 | 6 | 3 | 2 | 8 | 7 | 1 |
| 2 | 3 | 1 | 8 | 7 | 4 | 5 | 9 | 6 |

**34**

| 4 | 3 | 6 | 9 | 8 | 2 | 1 | 7 | 5 |
| 8 | 5 | 1 | 7 | 4 | 3 | 2 | 6 | 9 |
| 7 | 9 | 2 | 1 | 5 | 6 | 4 | 8 | 3 |
| 9 | 6 | 5 | 3 | 1 | 8 | 7 | 4 | 2 |
| 3 | 7 | 8 | 4 | 2 | 5 | 9 | 1 | 6 |
| 1 | 2 | 4 | 6 | 7 | 9 | 3 | 5 | 8 |
| 5 | 1 | 3 | 8 | 9 | 4 | 6 | 2 | 7 |
| 2 | 4 | 9 | 5 | 6 | 7 | 8 | 3 | 1 |
| 6 | 8 | 7 | 2 | 3 | 1 | 5 | 9 | 4 |

**35**

| 8 | 6 | 5 | 9 | 3 | 4 | 7 | 2 | 1 |
|---|---|---|---|---|---|---|---|---|
| 9 | 4 | 7 | 6 | 1 | 2 | 3 | 8 | 5 |
| 2 | 3 | 1 | 5 | 7 | 8 | 9 | 6 | 4 |
| 4 | 2 | 3 | 1 | 5 | 6 | 8 | 7 | 9 |
| 1 | 8 | 9 | 3 | 4 | 7 | 6 | 5 | 2 |
| 5 | 7 | 6 | 2 | 8 | 9 | 4 | 1 | 3 |
| 7 | 9 | 8 | 4 | 2 | 5 | 1 | 3 | 6 |
| 3 | 5 | 4 | 7 | 6 | 1 | 2 | 9 | 8 |
| 6 | 1 | 2 | 8 | 9 | 3 | 5 | 4 | 7 |

**36**

| 8 | 4 | 1 | 5 | 9 | 3 | 2 | 6 | 7 |
|---|---|---|---|---|---|---|---|---|
| 7 | 5 | 2 | 1 | 4 | 6 | 3 | 8 | 9 |
| 9 | 6 | 3 | 8 | 2 | 7 | 5 | 1 | 4 |
| 5 | 9 | 4 | 3 | 1 | 8 | 6 | 7 | 2 |
| 3 | 2 | 7 | 6 | 5 | 9 | 8 | 4 | 1 |
| 6 | 1 | 8 | 2 | 7 | 4 | 9 | 5 | 3 |
| 4 | 8 | 9 | 7 | 3 | 5 | 1 | 2 | 6 |
| 2 | 7 | 5 | 9 | 6 | 1 | 4 | 3 | 8 |
| 1 | 3 | 6 | 4 | 8 | 2 | 7 | 9 | 5 |

| 7 | 3 | 4 | 2 | 6 | 9 | 8 | 5 | 1 |
| 9 | 5 | 1 | 3 | 8 | 4 | 6 | 7 | 2 |
| 2 | 8 | 6 | 7 | 1 | 5 | 9 | 4 | 3 |
| 6 | 2 | 9 | 8 | 3 | 7 | 5 | 1 | 4 |
| 3 | 1 | 5 | 9 | 4 | 6 | 2 | 8 | 7 |
| 4 | 7 | 8 | 5 | 2 | 1 | 3 | 9 | 6 |
| 1 | 9 | 3 | 4 | 5 | 2 | 7 | 6 | 8 |
| 5 | 6 | 2 | 1 | 7 | 8 | 4 | 3 | 9 |
| 8 | 4 | 7 | 6 | 9 | 3 | 1 | 2 | 5 |

| 1 | 8 | 4 | 2 | 3 | 6 | 9 | 7 | 5 |
| 2 | 6 | 9 | 5 | 1 | 7 | 8 | 4 | 3 |
| 7 | 3 | 5 | 8 | 4 | 9 | 1 | 2 | 6 |
| 8 | 1 | 7 | 6 | 2 | 4 | 5 | 3 | 9 |
| 4 | 2 | 3 | 9 | 5 | 1 | 6 | 8 | 7 |
| 5 | 9 | 6 | 7 | 8 | 3 | 2 | 1 | 4 |
| 6 | 5 | 1 | 4 | 7 | 2 | 3 | 9 | 8 |
| 3 | 7 | 8 | 1 | 9 | 5 | 4 | 6 | 2 |
| 9 | 4 | 2 | 3 | 6 | 8 | 7 | 5 | 1 |

The Big Book of Killer Su Doku

**37**

| 1 | 5 | 8 | 9 | 6 | 2 | 4 | 3 | 7 |
|---|---|---|---|---|---|---|---|---|
| 7 | 9 | 1 | 8 | 3 | 4 | 6 | 5 | 2 |
| 2 | 8 | 6 | 7 | 1 | 5 | 9 | 4 | 3 |
| 2 | 6 | 9 | 3 | 8 | 7 | 5 | 1 | 4 |
| 3 | 1 | 5 | 9 | 4 | 6 | 2 | 8 | 7 |
| 4 | 7 | 8 | 5 | 2 | 1 | 3 | 9 | 6 |
| 1 | 6 | 3 | 4 | 5 | 2 | 7 | 9 | 8 |
| 5 | 6 | 2 | 1 | 7 | 8 | 4 | 3 | 9 |
| 8 | 4 | 7 | 6 | 9 | 3 | 1 | 2 | 5 |

**38**

| 1 | 8 | 4 | 2 | 3 | 6 | 9 | 7 | 5 |
|---|---|---|---|---|---|---|---|---|
| 2 | 9 | 6 | 5 | 1 | 7 | 8 | 4 | 3 |
| 7 | 3 | 5 | 8 | 4 | 9 | 1 | 2 | 6 |
| 8 | 1 | 7 | 6 | 2 | 4 | 5 | 3 | 9 |
| 4 | 2 | 3 | 9 | 5 | 1 | 6 | 8 | 7 |
| 5 | 6 | 9 | 7 | 8 | 3 | 2 | 1 | 4 |
| 6 | 5 | 1 | 4 | 7 | 2 | 3 | 9 | 8 |
| 3 | 7 | 8 | 1 | 9 | 5 | 4 | 6 | 2 |
| 9 | 4 | 2 | 3 | 6 | 8 | 7 | 5 | 1 |

**35**

| | | | | | | | | |
|---|---|---|---|---|---|---|---|---|
| 8 | 9 | 7 | 6 | 1 | 4 | 3 | 5 | 2 |
| 6 | 4 | 5 | 9 | 3 | 2 | 7 | 8 | 1 |
| 2 | 3 | 1 | 5 | 7 | 8 | 6 | 9 | 4 |
| 4 | 2 | 3 | 1 | 5 | 9 | 8 | 7 | 6 |
| 1 | 8 | 6 | 3 | 4 | 7 | 9 | 2 | 5 |
| 5 | 7 | 9 | 2 | 8 | 6 | 4 | 1 | 3 |
| 7 | 6 | 8 | 4 | 2 | 5 | 1 | 3 | 9 |
| 3 | 5 | 4 | 7 | 9 | 1 | 2 | 6 | 8 |
| 9 | 1 | 2 | 8 | 6 | 3 | 5 | 4 | 7 |

**36**

| | | | | | | | | |
|---|---|---|---|---|---|---|---|---|
| 8 | 4 | 1 | 5 | 6 | 3 | 2 | 9 | 7 |
| 7 | 5 | 2 | 1 | 4 | 9 | 3 | 8 | 6 |
| 6 | 9 | 3 | 8 | 2 | 7 | 5 | 1 | 4 |
| 5 | 6 | 4 | 3 | 1 | 8 | 9 | 7 | 2 |
| 3 | 2 | 7 | 9 | 5 | 6 | 8 | 4 | 1 |
| 9 | 1 | 8 | 2 | 7 | 4 | 6 | 5 | 3 |
| 4 | 8 | 6 | 7 | 3 | 5 | 1 | 2 | 9 |
| 2 | 7 | 5 | 6 | 9 | 1 | 4 | 3 | 8 |
| 1 | 3 | 9 | 4 | 8 | 2 | 7 | 6 | 5 |

**39**

| 9 | 1 | 3 | 4 | 5 | 6 | 2 | 8 | 7 |
| 2 | 8 | 6 | 3 | 9 | 7 | 1 | 4 | 5 |
| 4 | 5 | 7 | 1 | 2 | 8 | 3 | 9 | 6 |
| 1 | 7 | 9 | 2 | 3 | 4 | 6 | 5 | 8 |
| 5 | 4 | 2 | 6 | 8 | 9 | 7 | 1 | 3 |
| 6 | 3 | 8 | 5 | 7 | 1 | 9 | 2 | 4 |
| 8 | 9 | 1 | 7 | 6 | 5 | 4 | 3 | 2 |
| 7 | 2 | 5 | 9 | 4 | 3 | 8 | 6 | 1 |
| 3 | 6 | 4 | 8 | 1 | 2 | 5 | 7 | 9 |

**40**

| 2 | 5 | 9 | 3 | 6 | 8 | 7 | 4 | 1 |
| 4 | 1 | 6 | 7 | 5 | 2 | 3 | 9 | 8 |
| 3 | 7 | 8 | 9 | 4 | 1 | 5 | 6 | 2 |
| 1 | 9 | 5 | 8 | 3 | 6 | 2 | 7 | 4 |
| 6 | 2 | 7 | 4 | 1 | 9 | 8 | 3 | 5 |
| 8 | 3 | 4 | 2 | 7 | 5 | 9 | 1 | 6 |
| 9 | 6 | 1 | 5 | 8 | 7 | 4 | 2 | 3 |
| 5 | 4 | 2 | 6 | 9 | 3 | 1 | 8 | 7 |
| 7 | 8 | 3 | 1 | 2 | 4 | 6 | 5 | 9 |

**41**

| 1 | 3 | 6 | 9 | 7 | 8 | 4 | 2 | 5 |
| 4 | 5 | 8 | 3 | 2 | 6 | 7 | 1 | 9 |
| 9 | 2 | 7 | 1 | 4 | 5 | 3 | 8 | 6 |
| 6 | 7 | 9 | 2 | 5 | 4 | 1 | 3 | 8 |
| 3 | 4 | 5 | 8 | 9 | 1 | 2 | 6 | 7 |
| 8 | 1 | 2 | 7 | 6 | 3 | 5 | 9 | 4 |
| 2 | 6 | 1 | 5 | 8 | 7 | 9 | 4 | 3 |
| 5 | 8 | 3 | 4 | 1 | 9 | 6 | 7 | 2 |
| 7 | 9 | 4 | 6 | 3 | 2 | 8 | 5 | 1 |

**42**

| 6 | 2 | 1 | 5 | 3 | 8 | 9 | 7 | 4 |
| 8 | 9 | 4 | 6 | 7 | 1 | 3 | 2 | 5 |
| 7 | 3 | 5 | 2 | 4 | 9 | 6 | 1 | 8 |
| 5 | 7 | 6 | 3 | 2 | 4 | 8 | 9 | 1 |
| 9 | 8 | 3 | 1 | 5 | 7 | 4 | 6 | 2 |
| 4 | 1 | 2 | 8 | 9 | 6 | 7 | 5 | 3 |
| 2 | 4 | 9 | 7 | 1 | 3 | 5 | 8 | 6 |
| 1 | 6 | 7 | 4 | 8 | 5 | 2 | 3 | 9 |
| 3 | 5 | 8 | 9 | 6 | 2 | 1 | 4 | 7 |

**43**

| 5 | 1 | 2 | 8 | 6 | 4 | 3 | 9 | 7 |
| 7 | 8 | 3 | 9 | 5 | 2 | 1 | 4 | 6 |
| 4 | 9 | 6 | 1 | 7 | 3 | 8 | 5 | 2 |
| 8 | 3 | 1 | 5 | 9 | 7 | 6 | 2 | 4 |
| 9 | 6 | 5 | 2 | 4 | 8 | 7 | 1 | 3 |
| 2 | 7 | 4 | 3 | 1 | 6 | 9 | 8 | 5 |
| 3 | 4 | 9 | 6 | 2 | 1 | 5 | 7 | 8 |
| 1 | 2 | 8 | 7 | 3 | 5 | 4 | 6 | 9 |
| 6 | 5 | 7 | 4 | 8 | 9 | 2 | 3 | 1 |

**44**

| 3 | 4 | 2 | 6 | 7 | 8 | 5 | 9 | 1 |
| 8 | 5 | 1 | 4 | 2 | 9 | 3 | 6 | 7 |
| 9 | 6 | 7 | 5 | 1 | 3 | 2 | 4 | 8 |
| 6 | 2 | 8 | 7 | 5 | 4 | 1 | 3 | 9 |
| 5 | 1 | 3 | 9 | 6 | 2 | 8 | 7 | 4 |
| 7 | 9 | 4 | 3 | 8 | 1 | 6 | 5 | 2 |
| 4 | 8 | 6 | 1 | 9 | 5 | 7 | 2 | 3 |
| 1 | 3 | 5 | 2 | 4 | 7 | 9 | 8 | 6 |
| 2 | 7 | 9 | 8 | 3 | 6 | 4 | 1 | 5 |

**45**

| 2 | 4 | 5 | 3 | 1 | 7 | 6 | 8 | 9 |
| 1 | 3 | 6 | 5 | 9 | 8 | 7 | 2 | 4 |
| 7 | 8 | 9 | 6 | 4 | 2 | 3 | 1 | 5 |
| 9 | 2 | 8 | 7 | 5 | 3 | 1 | 4 | 6 |
| 5 | 7 | 4 | 1 | 6 | 9 | 2 | 3 | 8 |
| 3 | 6 | 1 | 2 | 8 | 4 | 5 | 9 | 7 |
| 4 | 1 | 2 | 9 | 7 | 5 | 8 | 6 | 3 |
| 8 | 5 | 3 | 4 | 2 | 6 | 9 | 7 | 1 |
| 6 | 9 | 7 | 8 | 3 | 1 | 4 | 5 | 2 |

**46**

| 1 | 7 | 4 | 5 | 6 | 9 | 8 | 2 | 3 |
| 8 | 5 | 3 | 1 | 2 | 7 | 9 | 4 | 6 |
| 6 | 9 | 2 | 3 | 8 | 4 | 7 | 5 | 1 |
| 2 | 4 | 8 | 6 | 9 | 3 | 5 | 1 | 7 |
| 5 | 1 | 7 | 2 | 4 | 8 | 6 | 3 | 9 |
| 3 | 6 | 9 | 7 | 1 | 5 | 2 | 8 | 4 |
| 7 | 2 | 1 | 8 | 3 | 6 | 4 | 9 | 5 |
| 9 | 3 | 6 | 4 | 5 | 2 | 1 | 7 | 8 |
| 4 | 8 | 5 | 9 | 7 | 1 | 3 | 6 | 2 |

**47**

| 6 | 5 | 3 | 9 | 1 | 4 | 7 | 8 | 2 |
| 2 | 4 | 8 | 7 | 3 | 6 | 5 | 9 | 1 |
| 1 | 7 | 9 | 5 | 2 | 8 | 6 | 4 | 3 |
| 4 | 9 | 6 | 8 | 7 | 3 | 2 | 1 | 5 |
| 5 | 2 | 7 | 1 | 4 | 9 | 3 | 6 | 8 |
| 8 | 3 | 1 | 2 | 6 | 5 | 9 | 7 | 4 |
| 7 | 8 | 2 | 6 | 5 | 1 | 4 | 3 | 9 |
| 9 | 6 | 4 | 3 | 8 | 2 | 1 | 5 | 7 |
| 3 | 1 | 5 | 4 | 9 | 7 | 8 | 2 | 6 |

**48**

| 4 | 2 | 8 | 3 | 6 | 5 | 1 | 7 | 9 |
| 1 | 5 | 9 | 7 | 4 | 2 | 3 | 8 | 6 |
| 6 | 3 | 7 | 8 | 9 | 1 | 2 | 4 | 5 |
| 9 | 6 | 3 | 1 | 7 | 4 | 5 | 2 | 8 |
| 7 | 8 | 1 | 2 | 5 | 6 | 4 | 9 | 3 |
| 2 | 4 | 5 | 9 | 8 | 3 | 7 | 6 | 1 |
| 3 | 9 | 6 | 5 | 2 | 7 | 8 | 1 | 4 |
| 5 | 7 | 4 | 6 | 1 | 8 | 9 | 3 | 2 |
| 8 | 1 | 2 | 4 | 3 | 9 | 6 | 5 | 7 |

**49**

| 6 | 7 | 8 | 1 | 9 | 3 | 2 | 4 | 5 |
| 9 | 4 | 2 | 5 | 8 | 7 | 1 | 3 | 6 |
| 5 | 3 | 1 | 4 | 6 | 2 | 8 | 7 | 9 |
| 4 | 9 | 7 | 6 | 5 | 1 | 3 | 2 | 8 |
| 2 | 8 | 5 | 7 | 3 | 9 | 6 | 1 | 4 |
| 3 | 1 | 6 | 2 | 4 | 8 | 9 | 5 | 7 |
| 7 | 2 | 9 | 8 | 1 | 5 | 4 | 6 | 3 |
| 8 | 5 | 4 | 3 | 2 | 6 | 7 | 9 | 1 |
| 1 | 6 | 3 | 9 | 7 | 4 | 5 | 8 | 2 |

**50**

| 7 | 9 | 3 | 6 | 1 | 2 | 4 | 5 | 8 |
| 4 | 6 | 1 | 8 | 3 | 5 | 2 | 7 | 9 |
| 2 | 5 | 8 | 9 | 4 | 7 | 6 | 1 | 3 |
| 1 | 7 | 6 | 4 | 8 | 9 | 3 | 2 | 5 |
| 3 | 8 | 2 | 5 | 6 | 1 | 7 | 9 | 4 |
| 5 | 4 | 9 | 7 | 2 | 3 | 8 | 6 | 1 |
| 9 | 1 | 4 | 3 | 7 | 6 | 5 | 8 | 2 |
| 8 | 2 | 7 | 1 | 5 | 4 | 9 | 3 | 6 |
| 6 | 3 | 5 | 2 | 9 | 8 | 1 | 4 | 7 |

**51**

| 6 | 5 | 8 | 9 | 1 | 4 | 2 | 3 | 7 |
|---|---|---|---|---|---|---|---|---|
| 4 | 3 | 7 | 6 | 2 | 5 | 8 | 1 | 9 |
| 1 | 2 | 9 | 8 | 7 | 3 | 4 | 6 | 5 |
| 2 | 7 | 5 | 1 | 6 | 8 | 9 | 4 | 3 |
| 3 | 9 | 4 | 2 | 5 | 7 | 6 | 8 | 1 |
| 8 | 6 | 1 | 3 | 4 | 9 | 7 | 5 | 2 |
| 9 | 1 | 2 | 5 | 8 | 6 | 3 | 7 | 4 |
| 7 | 8 | 3 | 4 | 9 | 1 | 5 | 2 | 6 |
| 5 | 4 | 6 | 7 | 3 | 2 | 1 | 9 | 8 |

**52**

| 7 | 9 | 5 | 4 | 2 | 1 | 3 | 8 | 6 |
|---|---|---|---|---|---|---|---|---|
| 2 | 6 | 3 | 5 | 8 | 7 | 1 | 9 | 4 |
| 1 | 4 | 8 | 3 | 6 | 9 | 7 | 5 | 2 |
| 4 | 5 | 6 | 1 | 9 | 8 | 2 | 3 | 7 |
| 9 | 7 | 2 | 6 | 5 | 3 | 4 | 1 | 8 |
| 8 | 3 | 1 | 7 | 4 | 2 | 9 | 6 | 5 |
| 6 | 1 | 9 | 2 | 7 | 5 | 8 | 4 | 3 |
| 3 | 2 | 4 | 8 | 1 | 6 | 5 | 7 | 9 |
| 5 | 8 | 7 | 9 | 3 | 4 | 6 | 2 | 1 |

**53**

| 2 | 4 | 7 | 5 | 6 | 9 | 8 | 3 | 1 |
| 6 | 5 | 1 | 2 | 3 | 8 | 9 | 7 | 4 |
| 8 | 9 | 3 | 1 | 4 | 7 | 2 | 6 | 5 |
| 7 | 1 | 4 | 6 | 2 | 3 | 5 | 8 | 9 |
| 5 | 3 | 2 | 8 | 9 | 1 | 6 | 4 | 7 |
| 9 | 8 | 6 | 7 | 5 | 4 | 1 | 2 | 3 |
| 4 | 7 | 5 | 9 | 8 | 6 | 3 | 1 | 2 |
| 1 | 2 | 8 | 3 | 7 | 5 | 4 | 9 | 6 |
| 3 | 6 | 9 | 4 | 1 | 2 | 7 | 5 | 8 |

**54**

| 7 | 5 | 6 | 8 | 9 | 1 | 4 | 2 | 3 |
| 8 | 4 | 9 | 2 | 7 | 3 | 1 | 5 | 6 |
| 2 | 3 | 1 | 6 | 4 | 5 | 7 | 9 | 8 |
| 4 | 7 | 2 | 5 | 8 | 6 | 3 | 1 | 9 |
| 9 | 6 | 8 | 1 | 3 | 4 | 2 | 7 | 5 |
| 5 | 1 | 3 | 9 | 2 | 7 | 8 | 6 | 4 |
| 6 | 8 | 5 | 4 | 1 | 2 | 9 | 3 | 7 |
| 3 | 2 | 4 | 7 | 6 | 9 | 5 | 8 | 1 |
| 1 | 9 | 7 | 3 | 5 | 8 | 6 | 4 | 2 |

**55**

| 4 | 7 | 5 | 3 | 1 | 2 | 8 | 6 | 9 |
| 1 | 3 | 2 | 6 | 8 | 9 | 4 | 5 | 7 |
| 9 | 8 | 6 | 5 | 7 | 4 | 2 | 3 | 1 |
| 8 | 4 | 7 | 9 | 3 | 1 | 5 | 2 | 6 |
| 6 | 2 | 9 | 8 | 5 | 7 | 3 | 1 | 4 |
| 3 | 5 | 1 | 2 | 4 | 6 | 7 | 9 | 8 |
| 7 | 9 | 4 | 1 | 2 | 5 | 6 | 8 | 3 |
| 2 | 1 | 3 | 4 | 6 | 8 | 9 | 7 | 5 |
| 5 | 6 | 8 | 7 | 9 | 3 | 1 | 4 | 2 |

**56**

| 3 | 1 | 5 | 6 | 9 | 8 | 7 | 4 | 2 |
| 6 | 8 | 9 | 2 | 7 | 4 | 5 | 1 | 3 |
| 2 | 4 | 7 | 1 | 5 | 3 | 8 | 9 | 6 |
| 1 | 2 | 6 | 3 | 8 | 7 | 9 | 5 | 4 |
| 8 | 9 | 3 | 4 | 1 | 5 | 6 | 2 | 7 |
| 7 | 5 | 4 | 9 | 2 | 6 | 1 | 3 | 8 |
| 4 | 6 | 8 | 5 | 3 | 1 | 2 | 7 | 9 |
| 9 | 7 | 1 | 8 | 4 | 2 | 3 | 6 | 5 |
| 5 | 3 | 2 | 7 | 6 | 9 | 4 | 8 | 1 |

**57**

| 5 | 7 | 2 | 9 | 3 | 6 | 4 | 1 | 8 |
| 3 | 8 | 9 | 4 | 2 | 1 | 5 | 6 | 7 |
| 4 | 1 | 6 | 7 | 5 | 8 | 2 | 3 | 9 |
| 7 | 2 | 3 | 8 | 6 | 5 | 1 | 9 | 4 |
| 9 | 5 | 1 | 2 | 7 | 4 | 6 | 8 | 3 |
| 8 | 6 | 4 | 3 | 1 | 9 | 7 | 5 | 2 |
| 6 | 9 | 7 | 5 | 4 | 3 | 8 | 2 | 1 |
| 2 | 3 | 5 | 1 | 8 | 7 | 9 | 4 | 6 |
| 1 | 4 | 8 | 6 | 9 | 2 | 3 | 7 | 5 |

**58**

| 6 | 1 | 9 | 7 | 3 | 5 | 2 | 8 | 4 |
| 7 | 2 | 8 | 9 | 1 | 4 | 3 | 5 | 6 |
| 4 | 5 | 3 | 6 | 2 | 8 | 1 | 7 | 9 |
| 8 | 7 | 1 | 3 | 4 | 6 | 9 | 2 | 5 |
| 5 | 9 | 6 | 2 | 8 | 7 | 4 | 1 | 3 |
| 2 | 3 | 4 | 1 | 5 | 9 | 8 | 6 | 7 |
| 1 | 6 | 5 | 8 | 9 | 3 | 7 | 4 | 2 |
| 9 | 8 | 7 | 4 | 6 | 2 | 5 | 3 | 1 |
| 3 | 4 | 2 | 5 | 7 | 1 | 6 | 9 | 8 |

**59**

| 9 | 1 | 3 | 2 | 4 | 8 | 7 | 6 | 5 |
| 8 | 7 | 5 | 6 | 1 | 3 | 2 | 9 | 4 |
| 4 | 6 | 2 | 7 | 5 | 9 | 3 | 8 | 1 |
| 2 | 3 | 1 | 9 | 6 | 4 | 8 | 5 | 7 |
| 6 | 5 | 4 | 1 | 8 | 7 | 9 | 2 | 3 |
| 7 | 9 | 8 | 3 | 2 | 5 | 4 | 1 | 6 |
| 5 | 8 | 7 | 4 | 9 | 6 | 1 | 3 | 2 |
| 1 | 4 | 9 | 5 | 3 | 2 | 6 | 7 | 8 |
| 3 | 2 | 6 | 8 | 7 | 1 | 5 | 4 | 9 |

**60**

| 5 | 7 | 8 | 6 | 3 | 2 | 4 | 1 | 9 |
| 3 | 9 | 6 | 5 | 4 | 1 | 2 | 7 | 8 |
| 4 | 1 | 2 | 9 | 7 | 8 | 5 | 6 | 3 |
| 6 | 8 | 4 | 7 | 5 | 9 | 3 | 2 | 1 |
| 9 | 2 | 3 | 1 | 6 | 4 | 7 | 8 | 5 |
| 1 | 5 | 7 | 2 | 8 | 3 | 6 | 9 | 4 |
| 2 | 3 | 5 | 8 | 9 | 7 | 1 | 4 | 6 |
| 7 | 6 | 9 | 4 | 1 | 5 | 8 | 3 | 2 |
| 8 | 4 | 1 | 3 | 2 | 6 | 9 | 5 | 7 |

**61**

| 9 | 8 | 5 | 2 | 1 | 4 | 7 | 6 | 3 |
| 6 | 2 | 1 | 3 | 7 | 8 | 9 | 5 | 4 |
| 3 | 4 | 7 | 6 | 9 | 5 | 8 | 2 | 1 |
| 8 | 7 | 2 | 1 | 4 | 6 | 5 | 3 | 9 |
| 1 | 9 | 6 | 7 | 5 | 3 | 2 | 4 | 8 |
| 4 | 5 | 3 | 9 | 8 | 2 | 1 | 7 | 6 |
| 5 | 6 | 8 | 4 | 2 | 1 | 3 | 9 | 7 |
| 7 | 1 | 4 | 5 | 3 | 9 | 6 | 8 | 2 |
| 2 | 3 | 9 | 8 | 6 | 7 | 4 | 1 | 5 |

**62**

| 6 | 8 | 9 | 7 | 2 | 4 | 1 | 3 | 5 |
| 5 | 2 | 3 | 1 | 8 | 6 | 9 | 4 | 7 |
| 4 | 1 | 7 | 3 | 9 | 5 | 6 | 2 | 8 |
| 9 | 4 | 1 | 2 | 7 | 8 | 3 | 5 | 6 |
| 2 | 6 | 5 | 9 | 4 | 3 | 8 | 7 | 1 |
| 3 | 7 | 8 | 6 | 5 | 1 | 2 | 9 | 4 |
| 1 | 3 | 4 | 5 | 6 | 2 | 7 | 8 | 9 |
| 8 | 9 | 2 | 4 | 1 | 7 | 5 | 6 | 3 |
| 7 | 5 | 6 | 8 | 3 | 9 | 4 | 1 | 2 |

**63**

| 6 | 8 | 9 | 3 | 4 | 5 | 2 | 7 | 1 |
|---|---|---|---|---|---|---|---|---|
| 3 | 7 | 2 | 1 | 8 | 9 | 4 | 6 | 5 |
| 5 | 1 | 4 | 2 | 7 | 6 | 3 | 8 | 9 |
| 7 | 2 | 6 | 9 | 5 | 4 | 1 | 3 | 8 |
| 8 | 5 | 1 | 7 | 3 | 2 | 6 | 9 | 4 |
| 9 | 4 | 3 | 8 | 6 | 1 | 7 | 5 | 2 |
| 4 | 6 | 7 | 5 | 2 | 8 | 9 | 1 | 3 |
| 2 | 9 | 5 | 6 | 1 | 3 | 8 | 4 | 7 |
| 1 | 3 | 8 | 4 | 9 | 7 | 5 | 2 | 6 |

**64**

| 8 | 3 | 1 | 9 | 6 | 4 | 5 | 2 | 7 |
|---|---|---|---|---|---|---|---|---|
| 7 | 2 | 5 | 3 | 8 | 1 | 6 | 9 | 4 |
| 9 | 4 | 6 | 5 | 7 | 2 | 8 | 1 | 3 |
| 6 | 1 | 8 | 4 | 5 | 3 | 9 | 7 | 2 |
| 4 | 7 | 2 | 1 | 9 | 6 | 3 | 8 | 5 |
| 5 | 9 | 3 | 8 | 2 | 7 | 4 | 6 | 1 |
| 3 | 8 | 9 | 7 | 1 | 5 | 2 | 4 | 6 |
| 2 | 5 | 7 | 6 | 4 | 8 | 1 | 3 | 9 |
| 1 | 6 | 4 | 2 | 3 | 9 | 7 | 5 | 8 |

**65**

| 4 | 3 | 5 | 7 | 1 | 2 | 6 | 9 | 8 |
| 8 | 6 | 9 | 5 | 3 | 4 | 7 | 2 | 1 |
| 7 | 2 | 1 | 6 | 9 | 8 | 4 | 5 | 3 |
| 2 | 1 | 4 | 3 | 7 | 5 | 8 | 6 | 9 |
| 9 | 8 | 3 | 1 | 2 | 6 | 5 | 4 | 7 |
| 5 | 7 | 6 | 8 | 4 | 9 | 1 | 3 | 2 |
| 1 | 4 | 7 | 2 | 5 | 3 | 9 | 8 | 6 |
| 3 | 9 | 8 | 4 | 6 | 1 | 2 | 7 | 5 |
| 6 | 5 | 2 | 9 | 8 | 7 | 3 | 1 | 4 |

**66**

| 6 | 4 | 9 | 2 | 5 | 8 | 1 | 3 | 7 |
| 8 | 1 | 7 | 6 | 3 | 9 | 2 | 4 | 5 |
| 3 | 2 | 5 | 7 | 1 | 4 | 6 | 9 | 8 |
| 5 | 9 | 8 | 4 | 2 | 1 | 3 | 7 | 6 |
| 4 | 7 | 2 | 3 | 8 | 6 | 9 | 5 | 1 |
| 1 | 3 | 6 | 9 | 7 | 5 | 4 | 8 | 2 |
| 2 | 8 | 1 | 5 | 4 | 3 | 7 | 6 | 9 |
| 7 | 6 | 4 | 8 | 9 | 2 | 5 | 1 | 3 |
| 9 | 5 | 3 | 1 | 6 | 7 | 8 | 2 | 4 |

**67**

| 5 | 7 | 8 | 1 | 4 | 2 | 9 | 6 | 3 |
|---|---|---|---|---|---|---|---|---|
| 4 | 2 | 9 | 3 | 6 | 7 | 1 | 8 | 5 |
| 3 | 1 | 6 | 5 | 9 | 8 | 7 | 2 | 4 |
| 2 | 9 | 5 | 6 | 8 | 4 | 3 | 1 | 7 |
| 1 | 8 | 7 | 2 | 3 | 9 | 4 | 5 | 6 |
| 6 | 3 | 4 | 7 | 1 | 5 | 8 | 9 | 2 |
| 9 | 4 | 3 | 8 | 2 | 6 | 5 | 7 | 1 |
| 8 | 5 | 2 | 4 | 7 | 1 | 6 | 3 | 9 |
| 7 | 6 | 1 | 9 | 5 | 3 | 2 | 4 | 8 |

**68**

| 3 | 2 | 7 | 6 | 5 | 9 | 8 | 1 | 4 |
|---|---|---|---|---|---|---|---|---|
| 8 | 4 | 1 | 2 | 7 | 3 | 5 | 6 | 9 |
| 6 | 9 | 5 | 8 | 4 | 1 | 3 | 2 | 7 |
| 9 | 8 | 6 | 7 | 1 | 2 | 4 | 5 | 3 |
| 5 | 3 | 4 | 9 | 8 | 6 | 2 | 7 | 1 |
| 7 | 1 | 2 | 4 | 3 | 5 | 6 | 9 | 8 |
| 2 | 7 | 3 | 1 | 6 | 4 | 9 | 8 | 5 |
| 1 | 5 | 9 | 3 | 2 | 8 | 7 | 4 | 6 |
| 4 | 6 | 8 | 5 | 9 | 7 | 1 | 3 | 2 |

**69**

| 8 | 7 | 2 | 1 | 4 | 6 | 9 | 5 | 3 |
| 5 | 3 | 4 | 2 | 9 | 8 | 7 | 6 | 1 |
| 6 | 1 | 9 | 3 | 5 | 7 | 2 | 8 | 4 |
| 4 | 2 | 5 | 8 | 3 | 9 | 1 | 7 | 6 |
| 7 | 8 | 6 | 4 | 1 | 5 | 3 | 9 | 2 |
| 1 | 9 | 3 | 7 | 6 | 2 | 5 | 4 | 8 |
| 2 | 6 | 1 | 5 | 7 | 4 | 8 | 3 | 9 |
| 3 | 4 | 7 | 9 | 8 | 1 | 6 | 2 | 5 |
| 9 | 5 | 8 | 6 | 2 | 3 | 4 | 1 | 7 |

**70**

| 9 | 3 | 4 | 1 | 6 | 2 | 7 | 8 | 5 |
| 7 | 6 | 8 | 5 | 9 | 4 | 1 | 3 | 2 |
| 5 | 1 | 2 | 8 | 7 | 3 | 4 | 6 | 9 |
| 4 | 2 | 1 | 3 | 8 | 9 | 5 | 7 | 6 |
| 3 | 8 | 7 | 2 | 5 | 6 | 9 | 1 | 4 |
| 6 | 5 | 9 | 4 | 1 | 7 | 8 | 2 | 3 |
| 8 | 4 | 3 | 7 | 2 | 5 | 6 | 9 | 1 |
| 1 | 9 | 5 | 6 | 3 | 8 | 2 | 4 | 7 |
| 2 | 7 | 6 | 9 | 4 | 1 | 3 | 5 | 8 |

**71**

| 2 | 6 | 5 | 7 | 1 | 8 | 3 | 4 | 9 |
|---|---|---|---|---|---|---|---|---|
| 3 | 9 | 8 | 2 | 4 | 6 | 1 | 5 | 7 |
| 1 | 7 | 4 | 3 | 5 | 9 | 2 | 8 | 6 |
| 9 | 4 | 3 | 1 | 6 | 5 | 7 | 2 | 8 |
| 8 | 2 | 6 | 4 | 3 | 7 | 9 | 1 | 5 |
| 7 | 5 | 1 | 8 | 9 | 2 | 4 | 6 | 3 |
| 5 | 3 | 2 | 6 | 7 | 1 | 8 | 9 | 4 |
| 4 | 1 | 9 | 5 | 8 | 3 | 6 | 7 | 2 |
| 6 | 8 | 7 | 9 | 2 | 4 | 5 | 3 | 1 |

**72**

| 3 | 4 | 2 | 7 | 5 | 6 | 1 | 8 | 9 |
|---|---|---|---|---|---|---|---|---|
| 5 | 8 | 1 | 9 | 2 | 3 | 4 | 7 | 6 |
| 9 | 6 | 7 | 8 | 1 | 4 | 5 | 2 | 3 |
| 2 | 5 | 9 | 6 | 7 | 8 | 3 | 4 | 1 |
| 7 | 3 | 6 | 1 | 4 | 5 | 8 | 9 | 2 |
| 4 | 1 | 8 | 2 | 3 | 9 | 7 | 6 | 5 |
| 6 | 7 | 5 | 3 | 8 | 2 | 9 | 1 | 4 |
| 8 | 9 | 4 | 5 | 6 | 1 | 2 | 3 | 7 |
| 1 | 2 | 3 | 4 | 9 | 7 | 6 | 5 | 8 |

73

| 6 | 1 | 3 | 2 | 9 | 5 | 4 | 8 | 7 |
| 5 | 7 | 2 | 1 | 8 | 4 | 9 | 3 | 6 |
| 9 | 8 | 4 | 7 | 6 | 3 | 5 | 2 | 1 |
| 7 | 9 | 1 | 5 | 3 | 6 | 8 | 4 | 2 |
| 2 | 5 | 6 | 8 | 4 | 1 | 7 | 9 | 3 |
| 3 | 4 | 8 | 9 | 7 | 2 | 1 | 6 | 5 |
| 1 | 3 | 9 | 6 | 5 | 8 | 2 | 7 | 4 |
| 4 | 2 | 7 | 3 | 1 | 9 | 6 | 5 | 8 |
| 8 | 6 | 5 | 4 | 2 | 7 | 3 | 1 | 9 |

74

| 8 | 5 | 3 | 9 | 6 | 2 | 4 | 1 | 7 |
| 9 | 4 | 1 | 7 | 3 | 8 | 6 | 2 | 5 |
| 6 | 7 | 2 | 1 | 5 | 4 | 8 | 3 | 9 |
| 3 | 2 | 5 | 4 | 9 | 7 | 1 | 6 | 8 |
| 7 | 6 | 8 | 2 | 1 | 5 | 9 | 4 | 3 |
| 1 | 9 | 4 | 3 | 8 | 6 | 7 | 5 | 2 |
| 4 | 8 | 6 | 5 | 2 | 9 | 3 | 7 | 1 |
| 5 | 3 | 9 | 6 | 7 | 1 | 2 | 8 | 4 |
| 2 | 1 | 7 | 8 | 4 | 3 | 5 | 9 | 6 |

**75**

| 8 | 9 | 1 | 3 | 4 | 5 | 7 | 2 | 6 |
|---|---|---|---|---|---|---|---|---|
| 2 | 5 | 7 | 8 | 1 | 6 | 9 | 3 | 4 |
| 3 | 4 | 6 | 2 | 9 | 7 | 5 | 1 | 8 |
| 6 | 7 | 9 | 1 | 2 | 8 | 3 | 4 | 5 |
| 5 | 3 | 2 | 4 | 6 | 9 | 8 | 7 | 1 |
| 4 | 1 | 8 | 7 | 5 | 3 | 6 | 9 | 2 |
| 7 | 2 | 5 | 9 | 8 | 1 | 4 | 6 | 3 |
| 9 | 6 | 4 | 5 | 3 | 2 | 1 | 8 | 7 |
| 1 | 8 | 3 | 6 | 7 | 4 | 2 | 5 | 9 |

**76**

| 7 | 6 | 9 | 2 | 8 | 5 | 1 | 3 | 4 |
|---|---|---|---|---|---|---|---|---|
| 4 | 8 | 1 | 3 | 9 | 7 | 2 | 6 | 5 |
| 5 | 3 | 2 | 1 | 4 | 6 | 8 | 7 | 9 |
| 1 | 4 | 6 | 9 | 2 | 3 | 5 | 8 | 7 |
| 3 | 9 | 8 | 7 | 5 | 1 | 6 | 4 | 2 |
| 2 | 5 | 7 | 4 | 6 | 8 | 9 | 1 | 3 |
| 8 | 1 | 3 | 5 | 7 | 9 | 4 | 2 | 6 |
| 6 | 2 | 5 | 8 | 3 | 4 | 7 | 9 | 1 |
| 9 | 7 | 4 | 6 | 1 | 2 | 3 | 5 | 8 |

**77**

| 6 | 2 | 8 | 3 | 1 | 7 | 9 | 5 | 4 |
| 9 | 3 | 7 | 4 | 2 | 5 | 8 | 1 | 6 |
| 1 | 4 | 5 | 8 | 6 | 9 | 7 | 2 | 3 |
| 2 | 6 | 9 | 5 | 7 | 3 | 1 | 4 | 8 |
| 5 | 8 | 1 | 2 | 9 | 4 | 3 | 6 | 7 |
| 4 | 7 | 3 | 1 | 8 | 6 | 2 | 9 | 5 |
| 3 | 1 | 2 | 6 | 4 | 8 | 5 | 7 | 9 |
| 8 | 9 | 4 | 7 | 5 | 2 | 6 | 3 | 1 |
| 7 | 5 | 6 | 9 | 3 | 1 | 4 | 8 | 2 |

**78**

| 4 | 1 | 8 | 6 | 3 | 5 | 9 | 2 | 7 |
| 6 | 7 | 2 | 9 | 1 | 8 | 4 | 3 | 5 |
| 9 | 5 | 3 | 2 | 4 | 7 | 1 | 6 | 8 |
| 8 | 3 | 7 | 1 | 5 | 9 | 2 | 4 | 6 |
| 1 | 4 | 5 | 7 | 6 | 2 | 3 | 8 | 9 |
| 2 | 9 | 6 | 4 | 8 | 3 | 7 | 5 | 1 |
| 3 | 6 | 4 | 5 | 9 | 1 | 8 | 7 | 2 |
| 7 | 8 | 1 | 3 | 2 | 6 | 5 | 9 | 4 |
| 5 | 2 | 9 | 8 | 7 | 4 | 6 | 1 | 3 |

**79**

| 1 | 8 | 7 | 5 | 6 | 4 | 9 | 2 | 3 |
|---|---|---|---|---|---|---|---|---|
| 3 | 9 | 4 | 8 | 7 | 2 | 5 | 1 | 6 |
| 5 | 2 | 6 | 9 | 3 | 1 | 7 | 4 | 8 |
| 6 | 1 | 9 | 7 | 4 | 8 | 2 | 3 | 5 |
| 7 | 5 | 2 | 3 | 1 | 6 | 4 | 8 | 9 |
| 4 | 3 | 8 | 2 | 5 | 9 | 1 | 6 | 7 |
| 2 | 4 | 5 | 6 | 8 | 7 | 3 | 9 | 1 |
| 8 | 7 | 1 | 4 | 9 | 3 | 6 | 5 | 2 |
| 9 | 6 | 3 | 1 | 2 | 5 | 8 | 7 | 4 |

**80**

| 3 | 4 | 7 | 5 | 9 | 1 | 2 | 8 | 6 |
|---|---|---|---|---|---|---|---|---|
| 8 | 9 | 6 | 2 | 4 | 7 | 5 | 3 | 1 |
| 2 | 1 | 5 | 3 | 6 | 8 | 9 | 4 | 7 |
| 1 | 6 | 3 | 7 | 5 | 4 | 8 | 2 | 9 |
| 9 | 7 | 4 | 6 | 8 | 2 | 3 | 1 | 5 |
| 5 | 8 | 2 | 1 | 3 | 9 | 6 | 7 | 4 |
| 4 | 3 | 1 | 9 | 2 | 6 | 7 | 5 | 8 |
| 7 | 2 | 9 | 8 | 1 | 5 | 4 | 6 | 3 |
| 6 | 5 | 8 | 4 | 7 | 3 | 1 | 9 | 2 |

Solutions

**81**

| 1 | 3 | 9 | 4 | 5 | 8 | 6 | 7 | 2 |
| 4 | 6 | 2 | 7 | 1 | 3 | 5 | 9 | 8 |
| 5 | 7 | 8 | 9 | 6 | 2 | 4 | 3 | 1 |
| 6 | 9 | 3 | 8 | 2 | 5 | 7 | 1 | 4 |
| 7 | 1 | 4 | 6 | 3 | 9 | 8 | 2 | 5 |
| 8 | 2 | 5 | 1 | 7 | 4 | 3 | 6 | 9 |
| 2 | 8 | 7 | 5 | 9 | 6 | 1 | 4 | 3 |
| 9 | 4 | 1 | 3 | 8 | 7 | 2 | 5 | 6 |
| 3 | 5 | 6 | 2 | 4 | 1 | 9 | 8 | 7 |

**82**

| 6 | 2 | 3 | 9 | 5 | 1 | 4 | 8 | 7 |
| 7 | 8 | 4 | 6 | 3 | 2 | 1 | 9 | 5 |
| 5 | 9 | 1 | 4 | 7 | 8 | 2 | 3 | 6 |
| 8 | 5 | 2 | 3 | 1 | 9 | 6 | 7 | 4 |
| 3 | 4 | 7 | 8 | 2 | 6 | 5 | 1 | 9 |
| 1 | 6 | 9 | 5 | 4 | 7 | 3 | 2 | 8 |
| 2 | 7 | 5 | 1 | 8 | 4 | 9 | 6 | 3 |
| 9 | 3 | 8 | 2 | 6 | 5 | 7 | 4 | 1 |
| 4 | 1 | 6 | 7 | 9 | 3 | 8 | 5 | 2 |

**83**

| 9 | 8 | 3 | 5 | 4 | 6 | 7 | 2 | 1 |
|---|---|---|---|---|---|---|---|---|
| 6 | 2 | 5 | 1 | 7 | 9 | 8 | 4 | 3 |
| 4 | 1 | 7 | 8 | 2 | 3 | 5 | 6 | 9 |
| 7 | 4 | 2 | 9 | 8 | 1 | 3 | 5 | 6 |
| 5 | 9 | 8 | 3 | 6 | 4 | 2 | 1 | 7 |
| 3 | 6 | 1 | 2 | 5 | 7 | 4 | 9 | 8 |
| 2 | 3 | 4 | 6 | 9 | 8 | 1 | 7 | 5 |
| 1 | 7 | 9 | 4 | 3 | 5 | 6 | 8 | 2 |
| 8 | 5 | 6 | 7 | 1 | 2 | 9 | 3 | 4 |

**84**

| 9 | 7 | 1 | 5 | 8 | 3 | 4 | 6 | 2 |
|---|---|---|---|---|---|---|---|---|
| 8 | 2 | 5 | 4 | 1 | 6 | 7 | 9 | 3 |
| 6 | 4 | 3 | 2 | 7 | 9 | 8 | 5 | 1 |
| 5 | 9 | 2 | 1 | 3 | 4 | 6 | 8 | 7 |
| 3 | 6 | 8 | 7 | 9 | 5 | 1 | 2 | 4 |
| 4 | 1 | 7 | 6 | 2 | 8 | 9 | 3 | 5 |
| 1 | 3 | 9 | 8 | 4 | 2 | 5 | 7 | 6 |
| 2 | 5 | 4 | 9 | 6 | 7 | 3 | 1 | 8 |
| 7 | 8 | 6 | 3 | 5 | 1 | 2 | 4 | 9 |

**85**

| 7 | 5 | 6 | 1 | 4 | 8 | 2 | 3 | 9 |
| 4 | 3 | 1 | 2 | 9 | 7 | 6 | 5 | 8 |
| 2 | 8 | 9 | 3 | 6 | 5 | 4 | 1 | 7 |
| 1 | 7 | 5 | 8 | 3 | 4 | 9 | 6 | 2 |
| 9 | 4 | 3 | 5 | 2 | 6 | 7 | 8 | 1 |
| 6 | 2 | 8 | 9 | 7 | 1 | 5 | 4 | 3 |
| 5 | 1 | 7 | 6 | 8 | 2 | 3 | 9 | 4 |
| 3 | 6 | 2 | 4 | 1 | 9 | 8 | 7 | 5 |
| 8 | 9 | 4 | 7 | 5 | 3 | 1 | 2 | 6 |

**86**

| 6 | 3 | 5 | 1 | 8 | 9 | 7 | 4 | 2 |
| 9 | 8 | 2 | 4 | 7 | 6 | 5 | 3 | 1 |
| 4 | 1 | 7 | 2 | 5 | 3 | 8 | 6 | 9 |
| 8 | 4 | 3 | 5 | 6 | 2 | 9 | 1 | 7 |
| 2 | 7 | 6 | 8 | 9 | 1 | 3 | 5 | 4 |
| 1 | 5 | 9 | 7 | 3 | 4 | 2 | 8 | 6 |
| 3 | 6 | 4 | 9 | 2 | 8 | 1 | 7 | 5 |
| 5 | 9 | 8 | 6 | 1 | 7 | 4 | 2 | 3 |
| 7 | 2 | 1 | 3 | 4 | 5 | 6 | 9 | 8 |

**91**

| 3 | 8 | 4 | 2 | 6 | 5 | 7 | 9 | 1 |
| 7 | 5 | 2 | 1 | 8 | 9 | 4 | 6 | 3 |
| 1 | 9 | 6 | 3 | 4 | 7 | 8 | 2 | 5 |
| 2 | 3 | 9 | 4 | 5 | 8 | 6 | 1 | 7 |
| 8 | 4 | 7 | 6 | 1 | 2 | 3 | 5 | 9 |
| 6 | 1 | 5 | 7 | 9 | 3 | 2 | 4 | 8 |
| 9 | 2 | 8 | 5 | 7 | 4 | 1 | 3 | 6 |
| 5 | 6 | 3 | 8 | 2 | 1 | 9 | 7 | 4 |
| 4 | 7 | 1 | 9 | 3 | 6 | 5 | 8 | 2 |

**92**

| 8 | 9 | 5 | 1 | 6 | 2 | 3 | 7 | 4 |
| 3 | 6 | 7 | 9 | 5 | 4 | 1 | 2 | 8 |
| 1 | 2 | 4 | 7 | 3 | 8 | 6 | 5 | 9 |
| 2 | 3 | 1 | 8 | 4 | 5 | 9 | 6 | 7 |
| 5 | 8 | 9 | 6 | 7 | 1 | 2 | 4 | 3 |
| 7 | 4 | 6 | 2 | 9 | 3 | 5 | 8 | 1 |
| 6 | 7 | 8 | 5 | 1 | 9 | 4 | 3 | 2 |
| 9 | 5 | 3 | 4 | 2 | 7 | 8 | 1 | 6 |
| 4 | 1 | 2 | 3 | 8 | 6 | 7 | 9 | 5 |

| 7 | 2 | 4 | 9 | 1 | 8 | 6 | 3 | 5 |
| 8 | 1 | 9 | 3 | 6 | 5 | 2 | 4 | 7 |
| 6 | 3 | 5 | 2 | 4 | 7 | 8 | 1 | 9 |
| 3 | 7 | 8 | 1 | 5 | 9 | 4 | 6 | 2 |
| 4 | 5 | 2 | 6 | 8 | 3 | 9 | 7 | 1 |
| 9 | 6 | 1 | 4 | 7 | 2 | 3 | 5 | 8 |
| 5 | 8 | 3 | 7 | 9 | 4 | 1 | 2 | 6 |
| 2 | 9 | 6 | 5 | 3 | 1 | 7 | 8 | 4 |
| 1 | 4 | 7 | 8 | 2 | 6 | 5 | 9 | 3 |

| 6 | 8 | 7 | 9 | 1 | 2 | 5 | 4 | 3 |
| 9 | 1 | 2 | 3 | 5 | 4 | 8 | 7 | 6 |
| 4 | 3 | 5 | 6 | 8 | 7 | 9 | 1 | 2 |
| 2 | 5 | 8 | 1 | 3 | 9 | 4 | 6 | 7 |
| 1 | 6 | 3 | 7 | 4 | 5 | 2 | 8 | 9 |
| 7 | 9 | 4 | 8 | 2 | 6 | 1 | 3 | 5 |
| 3 | 2 | 9 | 4 | 7 | 1 | 6 | 5 | 8 |
| 8 | 4 | 6 | 5 | 9 | 3 | 7 | 2 | 1 |
| 5 | 7 | 1 | 2 | 6 | 8 | 3 | 9 | 4 |

**95**

| 6 | 8 | 1 | 7 | 4 | 3 | 2 | 5 | 9 |
|---|---|---|---|---|---|---|---|---|
| 4 | 2 | 3 | 5 | 9 | 1 | 6 | 7 | 8 |
| 7 | 5 | 9 | 8 | 6 | 2 | 3 | 4 | 1 |
| 3 | 6 | 7 | 9 | 8 | 4 | 5 | 1 | 2 |
| 8 | 9 | 2 | 3 | 1 | 5 | 7 | 6 | 4 |
| 5 | 1 | 4 | 2 | 7 | 6 | 8 | 9 | 3 |
| 9 | 7 | 6 | 1 | 3 | 8 | 4 | 2 | 5 |
| 2 | 4 | 8 | 6 | 5 | 9 | 1 | 3 | 7 |
| 1 | 3 | 5 | 4 | 2 | 7 | 9 | 8 | 6 |

**96**

| 7 | 4 | 1 | 2 | 5 | 8 | 3 | 9 | 6 |
|---|---|---|---|---|---|---|---|---|
| 6 | 5 | 3 | 1 | 4 | 9 | 8 | 7 | 2 |
| 2 | 9 | 8 | 3 | 7 | 6 | 4 | 1 | 5 |
| 5 | 7 | 4 | 6 | 8 | 1 | 2 | 3 | 9 |
| 1 | 8 | 2 | 9 | 3 | 5 | 6 | 4 | 7 |
| 3 | 6 | 9 | 7 | 2 | 4 | 5 | 8 | 1 |
| 4 | 2 | 6 | 8 | 1 | 7 | 9 | 5 | 3 |
| 8 | 3 | 7 | 5 | 9 | 2 | 1 | 6 | 4 |
| 9 | 1 | 5 | 4 | 6 | 3 | 7 | 2 | 8 |

| 2 | 9 | 7 | 6 | 5 | 4 | 3 | 1 | 8 |
|---|---|---|---|---|---|---|---|---|
| 5 | 8 | 1 | 9 | 3 | 7 | 2 | 4 | 6 |
| 4 | 6 | 3 | 2 | 8 | 1 | 7 | 9 | 5 |
| 9 | 5 | 4 | 8 | 7 | 2 | 6 | 3 | 1 |
| 1 | 7 | 8 | 3 | 9 | 6 | 4 | 5 | 2 |
| 3 | 2 | 6 | 4 | 1 | 5 | 8 | 7 | 9 |
| 6 | 4 | 9 | 1 | 2 | 3 | 5 | 8 | 7 |
| 8 | 3 | 5 | 7 | 6 | 9 | 1 | 2 | 4 |
| 7 | 1 | 2 | 5 | 4 | 8 | 9 | 6 | 3 |

| 4 | 9 | 7 | 1 | 3 | 6 | 8 | 2 | 5 |
|---|---|---|---|---|---|---|---|---|
| 5 | 1 | 3 | 2 | 8 | 7 | 9 | 4 | 6 |
| 2 | 6 | 8 | 5 | 9 | 4 | 7 | 3 | 1 |
| 3 | 8 | 4 | 9 | 6 | 5 | 1 | 7 | 2 |
| 1 | 2 | 5 | 7 | 4 | 8 | 3 | 6 | 9 |
| 9 | 7 | 6 | 3 | 1 | 2 | 4 | 5 | 8 |
| 7 | 4 | 1 | 6 | 2 | 9 | 5 | 8 | 3 |
| 8 | 3 | 2 | 4 | 5 | 1 | 6 | 9 | 7 |
| 6 | 5 | 9 | 8 | 7 | 3 | 2 | 1 | 4 |

The Big Book of Killer Su Doku

**99**

| 5 | 3 | 6 | 8 | 9 | 2 | 1 | 4 | 7 |
|---|---|---|---|---|---|---|---|---|
| 4 | 9 | 2 | 1 | 7 | 3 | 8 | 6 | 5 |
| 1 | 8 | 7 | 5 | 6 | 4 | 3 | 9 | 2 |
| 3 | 6 | 9 | 7 | 8 | 5 | 2 | 1 | 4 |
| 2 | 5 | 8 | 9 | 4 | 1 | 7 | 3 | 6 |
| 7 | 1 | 4 | 3 | 2 | 6 | 9 | 5 | 8 |
| 6 | 2 | 1 | 4 | 3 | 7 | 5 | 8 | 9 |
| 9 | 7 | 3 | 6 | 5 | 8 | 4 | 2 | 1 |
| 8 | 4 | 5 | 2 | 1 | 9 | 6 | 7 | 3 |

**100**

| 8 | 2 | 4 | 9 | 5 | 1 | 6 | 3 | 7 |
|---|---|---|---|---|---|---|---|---|
| 7 | 3 | 1 | 2 | 4 | 6 | 8 | 5 | 9 |
| 6 | 5 | 9 | 8 | 7 | 3 | 1 | 2 | 4 |
| 5 | 8 | 6 | 7 | 3 | 4 | 9 | 1 | 2 |
| 1 | 7 | 2 | 5 | 9 | 8 | 3 | 4 | 6 |
| 4 | 9 | 3 | 1 | 6 | 2 | 5 | 7 | 8 |
| 2 | 1 | 7 | 6 | 8 | 5 | 4 | 9 | 3 |
| 9 | 4 | 8 | 3 | 1 | 7 | 2 | 6 | 5 |
| 3 | 6 | 5 | 4 | 2 | 9 | 7 | 8 | 1 |

**101**

| 9 | 2 | 4 | 3 | 1 | 7 | 8 | 6 | 5 |
| 6 | 1 | 3 | 2 | 5 | 8 | 9 | 4 | 7 |
| 5 | 8 | 7 | 4 | 6 | 9 | 3 | 2 | 1 |
| 3 | 7 | 6 | 8 | 9 | 5 | 4 | 1 | 2 |
| 1 | 9 | 5 | 7 | 2 | 4 | 6 | 3 | 8 |
| 2 | 4 | 8 | 6 | 3 | 1 | 5 | 7 | 9 |
| 4 | 6 | 1 | 9 | 8 | 2 | 7 | 5 | 3 |
| 8 | 3 | 2 | 5 | 7 | 6 | 1 | 9 | 4 |
| 7 | 5 | 9 | 1 | 4 | 3 | 2 | 8 | 6 |

**102**

| 9 | 5 | 3 | 1 | 2 | 7 | 6 | 4 | 8 |
| 7 | 6 | 1 | 4 | 5 | 8 | 9 | 3 | 2 |
| 2 | 4 | 8 | 6 | 9 | 3 | 5 | 7 | 1 |
| 1 | 3 | 6 | 5 | 4 | 2 | 8 | 9 | 7 |
| 5 | 7 | 9 | 8 | 3 | 1 | 4 | 2 | 6 |
| 8 | 2 | 4 | 9 | 7 | 6 | 3 | 1 | 5 |
| 3 | 1 | 5 | 2 | 6 | 4 | 7 | 8 | 9 |
| 6 | 8 | 7 | 3 | 1 | 9 | 2 | 5 | 4 |
| 4 | 9 | 2 | 7 | 8 | 5 | 1 | 6 | 3 |

**103**

| 1 | 3 | 9 | 2 | 7 | 6 | 8 | 5 | 4 |
|---|---|---|---|---|---|---|---|---|
| 2 | 4 | 8 | 3 | 5 | 9 | 7 | 1 | 6 |
| 7 | 5 | 6 | 4 | 8 | 1 | 3 | 2 | 9 |
| 9 | 2 | 4 | 8 | 6 | 5 | 1 | 3 | 7 |
| 3 | 1 | 7 | 9 | 4 | 2 | 5 | 6 | 8 |
| 6 | 8 | 5 | 7 | 1 | 3 | 4 | 9 | 2 |
| 5 | 7 | 1 | 6 | 9 | 8 | 2 | 4 | 3 |
| 4 | 6 | 2 | 5 | 3 | 7 | 9 | 8 | 1 |
| 8 | 9 | 3 | 1 | 2 | 4 | 6 | 7 | 5 |

**104**

| 1 | 6 | 3 | 5 | 9 | 4 | 2 | 7 | 8 |
|---|---|---|---|---|---|---|---|---|
| 9 | 2 | 4 | 7 | 8 | 3 | 1 | 6 | 5 |
| 5 | 8 | 7 | 2 | 1 | 6 | 3 | 9 | 4 |
| 7 | 4 | 9 | 3 | 5 | 2 | 6 | 8 | 1 |
| 2 | 1 | 5 | 8 | 6 | 7 | 9 | 4 | 3 |
| 6 | 3 | 8 | 9 | 4 | 1 | 5 | 2 | 7 |
| 3 | 7 | 6 | 1 | 2 | 8 | 4 | 5 | 9 |
| 4 | 9 | 1 | 6 | 7 | 5 | 8 | 3 | 2 |
| 8 | 5 | 2 | 4 | 3 | 9 | 7 | 1 | 6 |

| 6 | 3 | 9 | 8 | 7 | 5 | 4 | 1 | 2 |
| 4 | 1 | 2 | 9 | 6 | 3 | 8 | 7 | 5 |
| 7 | 5 | 8 | 1 | 2 | 4 | 6 | 9 | 3 |
| 1 | 2 | 7 | 3 | 4 | 6 | 5 | 8 | 9 |
| 3 | 4 | 6 | 5 | 8 | 9 | 1 | 2 | 7 |
| 8 | 9 | 5 | 7 | 1 | 2 | 3 | 4 | 6 |
| 9 | 7 | 4 | 6 | 3 | 1 | 2 | 5 | 8 |
| 2 | 8 | 3 | 4 | 5 | 7 | 9 | 6 | 1 |
| 5 | 6 | 1 | 2 | 9 | 8 | 7 | 3 | 4 |

| 8 | 5 | 1 | 6 | 7 | 2 | 3 | 9 | 4 |
| 2 | 4 | 6 | 8 | 9 | 3 | 5 | 7 | 1 |
| 3 | 9 | 7 | 4 | 5 | 1 | 8 | 6 | 2 |
| 1 | 2 | 4 | 9 | 6 | 5 | 7 | 8 | 3 |
| 7 | 6 | 5 | 1 | 3 | 8 | 4 | 2 | 9 |
| 9 | 8 | 3 | 2 | 4 | 7 | 1 | 5 | 6 |
| 6 | 7 | 9 | 5 | 1 | 4 | 2 | 3 | 8 |
| 4 | 3 | 8 | 7 | 2 | 6 | 9 | 1 | 5 |
| 5 | 1 | 2 | 3 | 8 | 9 | 6 | 4 | 7 |

**107**

| 6 | 4 | 2 | 3 | 1 | 5 | 7 | 9 | 8 |
| 8 | 9 | 7 | 4 | 6 | 2 | 1 | 3 | 5 |
| 5 | 3 | 1 | 9 | 7 | 8 | 4 | 2 | 6 |
| 7 | 6 | 4 | 5 | 8 | 9 | 3 | 1 | 2 |
| 2 | 1 | 9 | 7 | 3 | 6 | 5 | 8 | 4 |
| 3 | 5 | 8 | 1 | 2 | 4 | 6 | 7 | 9 |
| 1 | 8 | 5 | 2 | 4 | 7 | 9 | 6 | 3 |
| 4 | 2 | 3 | 6 | 9 | 1 | 8 | 5 | 7 |
| 9 | 7 | 6 | 8 | 5 | 3 | 2 | 4 | 1 |

**108**

| 5 | 3 | 7 | 2 | 8 | 6 | 4 | 1 | 9 |
| 9 | 6 | 8 | 1 | 4 | 7 | 2 | 5 | 3 |
| 4 | 2 | 1 | 3 | 5 | 9 | 6 | 8 | 7 |
| 7 | 5 | 4 | 6 | 3 | 2 | 8 | 9 | 1 |
| 3 | 1 | 6 | 5 | 9 | 8 | 7 | 4 | 2 |
| 2 | 8 | 9 | 4 | 7 | 1 | 3 | 6 | 5 |
| 6 | 4 | 2 | 7 | 1 | 5 | 9 | 3 | 8 |
| 8 | 7 | 5 | 9 | 6 | 3 | 1 | 2 | 4 |
| 1 | 9 | 3 | 8 | 2 | 4 | 5 | 7 | 6 |

**109**

| 4 | 3 | 8 | 9 | 2 | 5 | 7 | 6 | 1 |
|---|---|---|---|---|---|---|---|---|
| 2 | 1 | 7 | 3 | 6 | 8 | 9 | 5 | 4 |
| 9 | 6 | 5 | 7 | 4 | 1 | 3 | 8 | 2 |
| 8 | 4 | 9 | 6 | 5 | 2 | 1 | 3 | 7 |
| 1 | 7 | 6 | 8 | 9 | 3 | 4 | 2 | 5 |
| 3 | 5 | 2 | 1 | 7 | 4 | 8 | 9 | 6 |
| 5 | 2 | 1 | 4 | 3 | 9 | 6 | 7 | 8 |
| 6 | 8 | 3 | 2 | 1 | 7 | 5 | 4 | 9 |
| 7 | 9 | 4 | 5 | 8 | 6 | 2 | 1 | 3 |

**110**

| 6 | 4 | 2 | 3 | 5 | 7 | 1 | 8 | 9 |
|---|---|---|---|---|---|---|---|---|
| 9 | 8 | 5 | 4 | 1 | 6 | 3 | 7 | 2 |
| 1 | 7 | 3 | 8 | 9 | 2 | 4 | 5 | 6 |
| 7 | 5 | 9 | 2 | 3 | 1 | 8 | 6 | 4 |
| 2 | 6 | 1 | 7 | 4 | 8 | 5 | 9 | 3 |
| 8 | 3 | 4 | 9 | 6 | 5 | 7 | 2 | 1 |
| 3 | 2 | 6 | 5 | 7 | 4 | 9 | 1 | 8 |
| 4 | 1 | 7 | 6 | 8 | 9 | 2 | 3 | 5 |
| 5 | 9 | 8 | 1 | 2 | 3 | 6 | 4 | 7 |

**111**

| 7 | 4 | 5 | 9 | 1 | 3 | 6 | 2 | 8 |
|---|---|---|---|---|---|---|---|---|
| 1 | 8 | 3 | 2 | 7 | 6 | 4 | 5 | 9 |
| 2 | 9 | 6 | 5 | 4 | 8 | 1 | 3 | 7 |
| 5 | 7 | 9 | 8 | 3 | 4 | 2 | 1 | 6 |
| 6 | 2 | 8 | 7 | 5 | 1 | 3 | 9 | 4 |
| 4 | 3 | 1 | 6 | 2 | 9 | 7 | 8 | 5 |
| 8 | 5 | 4 | 1 | 6 | 2 | 9 | 7 | 3 |
| 9 | 6 | 2 | 3 | 8 | 7 | 5 | 4 | 1 |
| 3 | 1 | 7 | 4 | 9 | 5 | 8 | 6 | 2 |

**112**

| 6 | 3 | 2 | 4 | 5 | 1 | 9 | 7 | 8 |
|---|---|---|---|---|---|---|---|---|
| 8 | 7 | 1 | 2 | 6 | 9 | 4 | 3 | 5 |
| 9 | 5 | 4 | 3 | 8 | 7 | 2 | 1 | 6 |
| 5 | 4 | 6 | 9 | 3 | 8 | 7 | 2 | 1 |
| 1 | 2 | 3 | 7 | 4 | 5 | 6 | 8 | 9 |
| 7 | 9 | 8 | 6 | 1 | 2 | 3 | 5 | 4 |
| 2 | 6 | 5 | 1 | 7 | 4 | 8 | 9 | 3 |
| 3 | 1 | 7 | 8 | 9 | 6 | 5 | 4 | 2 |
| 4 | 8 | 9 | 5 | 2 | 3 | 1 | 6 | 7 |

| 1 | 5 | 3 | 6 | 8 | 2 | 9 | 4 | 7 |
|---|---|---|---|---|---|---|---|---|
| 7 | 9 | 2 | 5 | 4 | 1 | 8 | 6 | 3 |
| 8 | 6 | 4 | 7 | 9 | 3 | 1 | 2 | 5 |
| 2 | 4 | 5 | 8 | 7 | 9 | 3 | 1 | 6 |
| 3 | 1 | 6 | 2 | 5 | 4 | 7 | 8 | 9 |
| 9 | 8 | 7 | 1 | 3 | 6 | 2 | 5 | 4 |
| 6 | 2 | 9 | 3 | 1 | 5 | 4 | 7 | 8 |
| 5 | 3 | 8 | 4 | 2 | 7 | 6 | 9 | 1 |
| 4 | 7 | 1 | 9 | 6 | 8 | 5 | 3 | 2 |

114

| 2 | 7 | 9 | 4 | 6 | 5 | 1 | 3 | 8 |
|---|---|---|---|---|---|---|---|---|
| 3 | 5 | 6 | 2 | 1 | 8 | 4 | 7 | 9 |
| 8 | 4 | 1 | 3 | 7 | 9 | 5 | 2 | 6 |
| 5 | 2 | 8 | 7 | 9 | 4 | 6 | 1 | 3 |
| 7 | 1 | 4 | 6 | 2 | 3 | 8 | 9 | 5 |
| 6 | 9 | 3 | 8 | 5 | 1 | 2 | 4 | 7 |
| 9 | 8 | 5 | 1 | 3 | 2 | 7 | 6 | 4 |
| 1 | 3 | 7 | 5 | 4 | 6 | 9 | 8 | 2 |
| 4 | 6 | 2 | 9 | 8 | 7 | 3 | 5 | 1 |

**115**

| 1 | 9 | 6 | 2 | 4 | 7 | 8 | 5 | 3 |
|---|---|---|---|---|---|---|---|---|
| 3 | 7 | 2 | 8 | 5 | 9 | 1 | 6 | 4 |
| 5 | 4 | 8 | 6 | 1 | 3 | 2 | 7 | 9 |
| 2 | 8 | 7 | 5 | 3 | 6 | 9 | 4 | 1 |
| 6 | 1 | 5 | 4 | 9 | 2 | 3 | 8 | 7 |
| 4 | 3 | 9 | 7 | 8 | 1 | 6 | 2 | 5 |
| 8 | 6 | 3 | 9 | 7 | 4 | 5 | 1 | 2 |
| 9 | 2 | 4 | 1 | 6 | 5 | 7 | 3 | 8 |
| 7 | 5 | 1 | 3 | 2 | 8 | 4 | 9 | 6 |

**116**

| 5 | 6 | 2 | 8 | 3 | 4 | 7 | 9 | 1 |
|---|---|---|---|---|---|---|---|---|
| 3 | 9 | 1 | 6 | 2 | 7 | 5 | 8 | 4 |
| 7 | 8 | 4 | 5 | 1 | 9 | 3 | 2 | 6 |
| 4 | 3 | 9 | 7 | 8 | 6 | 1 | 5 | 2 |
| 6 | 1 | 8 | 9 | 5 | 2 | 4 | 3 | 7 |
| 2 | 7 | 5 | 3 | 4 | 1 | 9 | 6 | 8 |
| 9 | 5 | 6 | 4 | 7 | 8 | 2 | 1 | 3 |
| 8 | 2 | 7 | 1 | 9 | 3 | 6 | 4 | 5 |
| 1 | 4 | 3 | 2 | 6 | 5 | 8 | 7 | 9 |

**117**

| 5 | 7 | 4 | 6 | 1 | 3 | 8 | 9 | 2 |
| 1 | 8 | 9 | 5 | 2 | 4 | 6 | 7 | 3 |
| 3 | 2 | 6 | 8 | 9 | 7 | 4 | 5 | 1 |
| 2 | 9 | 7 | 3 | 5 | 6 | 1 | 4 | 8 |
| 8 | 3 | 1 | 7 | 4 | 2 | 5 | 6 | 9 |
| 6 | 4 | 5 | 1 | 8 | 9 | 3 | 2 | 7 |
| 9 | 1 | 2 | 4 | 6 | 8 | 7 | 3 | 5 |
| 7 | 6 | 8 | 2 | 3 | 5 | 9 | 1 | 4 |
| 4 | 5 | 3 | 9 | 7 | 1 | 2 | 8 | 6 |

**118**

| 3 | 5 | 1 | 7 | 4 | 2 | 6 | 8 | 9 |
| 4 | 8 | 9 | 6 | 5 | 1 | 2 | 3 | 7 |
| 7 | 2 | 6 | 9 | 8 | 3 | 5 | 1 | 4 |
| 9 | 3 | 4 | 8 | 6 | 7 | 1 | 5 | 2 |
| 8 | 1 | 5 | 3 | 2 | 4 | 7 | 9 | 6 |
| 2 | 6 | 7 | 1 | 9 | 5 | 8 | 4 | 3 |
| 1 | 4 | 3 | 2 | 7 | 8 | 9 | 6 | 5 |
| 5 | 9 | 2 | 4 | 1 | 6 | 3 | 7 | 8 |
| 6 | 7 | 8 | 5 | 3 | 9 | 4 | 2 | 1 |

**119**

| 2 | 1 | 8 | 4 | 7 | 9 | 5 | 6 | 3 |
|---|---|---|---|---|---|---|---|---|
| 5 | 3 | 7 | 8 | 6 | 2 | 1 | 9 | 4 |
| 4 | 9 | 6 | 1 | 3 | 5 | 2 | 7 | 8 |
| 8 | 7 | 4 | 9 | 2 | 1 | 3 | 5 | 6 |
| 1 | 6 | 2 | 3 | 5 | 8 | 9 | 4 | 7 |
| 9 | 5 | 3 | 7 | 4 | 6 | 8 | 1 | 2 |
| 6 | 2 | 1 | 5 | 8 | 4 | 7 | 3 | 9 |
| 7 | 8 | 5 | 6 | 9 | 3 | 4 | 2 | 1 |
| 3 | 4 | 9 | 2 | 1 | 7 | 6 | 8 | 5 |

**120**

| 3 | 5 | 4 | 7 | 9 | 1 | 2 | 6 | 8 |
|---|---|---|---|---|---|---|---|---|
| 2 | 6 | 7 | 8 | 3 | 4 | 1 | 5 | 9 |
| 1 | 8 | 9 | 5 | 2 | 6 | 3 | 7 | 4 |
| 5 | 7 | 2 | 4 | 1 | 8 | 6 | 9 | 3 |
| 4 | 9 | 1 | 3 | 6 | 5 | 7 | 8 | 2 |
| 6 | 3 | 8 | 2 | 7 | 9 | 5 | 4 | 1 |
| 8 | 4 | 6 | 1 | 5 | 2 | 9 | 3 | 7 |
| 7 | 2 | 5 | 9 | 4 | 3 | 8 | 1 | 6 |
| 9 | 1 | 3 | 6 | 8 | 7 | 4 | 2 | 5 |

**121**

| 8 | 1 | 4 | 3 | 7 | 2 | 9 | 5 | 6 |
| 7 | 2 | 9 | 5 | 6 | 4 | 1 | 3 | 8 |
| 5 | 3 | 6 | 8 | 1 | 9 | 2 | 4 | 7 |
| 9 | 5 | 1 | 4 | 3 | 8 | 7 | 6 | 2 |
| 2 | 7 | 8 | 1 | 5 | 6 | 3 | 9 | 4 |
| 4 | 6 | 3 | 2 | 9 | 7 | 8 | 1 | 5 |
| 1 | 4 | 7 | 9 | 8 | 5 | 6 | 2 | 3 |
| 3 | 8 | 5 | 6 | 2 | 1 | 4 | 7 | 9 |
| 6 | 9 | 2 | 7 | 4 | 3 | 5 | 8 | 1 |

**122**

| 4 | 9 | 2 | 5 | 8 | 7 | 6 | 3 | 1 |
| 3 | 7 | 1 | 2 | 6 | 9 | 5 | 8 | 4 |
| 8 | 6 | 5 | 1 | 4 | 3 | 9 | 7 | 2 |
| 6 | 3 | 8 | 7 | 5 | 4 | 2 | 1 | 9 |
| 5 | 2 | 7 | 3 | 9 | 1 | 4 | 6 | 8 |
| 1 | 4 | 9 | 6 | 2 | 8 | 7 | 5 | 3 |
| 2 | 1 | 6 | 4 | 3 | 5 | 8 | 9 | 7 |
| 7 | 8 | 4 | 9 | 1 | 6 | 3 | 2 | 5 |
| 9 | 5 | 3 | 8 | 7 | 2 | 1 | 4 | 6 |

**123**

| 1 | 9 | 6 | 7 | 2 | 8 | 4 | 3 | 5 |
| 2 | 8 | 4 | 9 | 5 | 3 | 1 | 6 | 7 |
| 5 | 3 | 7 | 1 | 6 | 4 | 2 | 8 | 9 |
| 6 | 5 | 8 | 2 | 4 | 7 | 9 | 1 | 3 |
| 7 | 4 | 9 | 3 | 1 | 5 | 6 | 2 | 8 |
| 3 | 1 | 2 | 6 | 8 | 9 | 7 | 5 | 4 |
| 4 | 2 | 3 | 5 | 7 | 6 | 8 | 9 | 1 |
| 9 | 7 | 1 | 8 | 3 | 2 | 5 | 4 | 6 |
| 8 | 6 | 5 | 4 | 9 | 1 | 3 | 7 | 2 |

**124**

| 9 | 1 | 4 | 2 | 5 | 7 | 8 | 3 | 6 |
| 7 | 2 | 8 | 3 | 6 | 4 | 1 | 9 | 5 |
| 6 | 3 | 5 | 1 | 9 | 8 | 4 | 2 | 7 |
| 5 | 4 | 9 | 7 | 8 | 2 | 6 | 1 | 3 |
| 2 | 8 | 6 | 5 | 1 | 3 | 9 | 7 | 4 |
| 1 | 7 | 3 | 6 | 4 | 9 | 2 | 5 | 8 |
| 8 | 5 | 2 | 4 | 7 | 1 | 3 | 6 | 9 |
| 4 | 6 | 1 | 9 | 3 | 5 | 7 | 8 | 2 |
| 3 | 9 | 7 | 8 | 2 | 6 | 5 | 4 | 1 |

125

| 1 | 5 | 6 | 3 | 2 | 4 | 9 | 8 | 7 |
| 2 | 3 | 9 | 7 | 8 | 1 | 4 | 6 | 5 |
| 4 | 8 | 7 | 5 | 6 | 9 | 3 | 1 | 2 |
| 9 | 7 | 5 | 1 | 3 | 8 | 6 | 2 | 4 |
| 6 | 1 | 4 | 2 | 5 | 7 | 8 | 9 | 3 |
| 8 | 2 | 3 | 4 | 9 | 6 | 7 | 5 | 1 |
| 7 | 9 | 1 | 8 | 4 | 2 | 5 | 3 | 6 |
| 5 | 6 | 2 | 9 | 7 | 3 | 1 | 4 | 8 |
| 3 | 4 | 8 | 6 | 1 | 5 | 2 | 7 | 9 |

126

| 1 | 2 | 3 | 5 | 7 | 8 | 9 | 4 | 6 |
| 7 | 6 | 8 | 3 | 9 | 4 | 2 | 1 | 5 |
| 4 | 5 | 9 | 2 | 6 | 1 | 7 | 8 | 3 |
| 9 | 8 | 7 | 4 | 1 | 5 | 3 | 6 | 2 |
| 2 | 4 | 6 | 9 | 3 | 7 | 1 | 5 | 8 |
| 3 | 1 | 5 | 8 | 2 | 6 | 4 | 9 | 7 |
| 8 | 7 | 4 | 1 | 5 | 2 | 6 | 3 | 9 |
| 5 | 9 | 2 | 6 | 4 | 3 | 8 | 7 | 1 |
| 6 | 3 | 1 | 7 | 8 | 9 | 5 | 2 | 4 |

**127**

| 1 | 5 | 9 | 6 | 4 | 2 | 7 | 8 | 3 |
|---|---|---|---|---|---|---|---|---|
| 3 | 2 | 7 | 9 | 8 | 1 | 5 | 6 | 4 |
| 8 | 4 | 6 | 3 | 5 | 7 | 9 | 2 | 1 |
| 5 | 9 | 8 | 1 | 6 | 4 | 3 | 7 | 2 |
| 6 | 7 | 1 | 2 | 3 | 5 | 4 | 9 | 8 |
| 2 | 3 | 4 | 8 | 7 | 9 | 6 | 1 | 5 |
| 4 | 1 | 2 | 5 | 9 | 6 | 8 | 3 | 7 |
| 7 | 6 | 3 | 4 | 2 | 8 | 1 | 5 | 9 |
| 9 | 8 | 5 | 7 | 1 | 3 | 2 | 4 | 6 |

**128**

| 4 | 1 | 5 | 8 | 3 | 7 | 2 | 9 | 6 |
|---|---|---|---|---|---|---|---|---|
| 2 | 3 | 6 | 4 | 5 | 9 | 1 | 8 | 7 |
| 9 | 8 | 7 | 6 | 1 | 2 | 3 | 4 | 5 |
| 6 | 2 | 4 | 9 | 8 | 1 | 5 | 7 | 3 |
| 8 | 5 | 3 | 2 | 7 | 4 | 6 | 1 | 9 |
| 7 | 9 | 1 | 3 | 6 | 5 | 4 | 2 | 8 |
| 5 | 7 | 2 | 1 | 9 | 6 | 8 | 3 | 4 |
| 3 | 4 | 9 | 5 | 2 | 8 | 7 | 6 | 1 |
| 1 | 6 | 8 | 7 | 4 | 3 | 9 | 5 | 2 |

| 4 | 5 | 1 | 3 | 6 | 2 | 9 | 7 | 8 |
|---|---|---|---|---|---|---|---|---|
| 3 | 7 | 2 | 8 | 9 | 5 | 4 | 1 | 6 |
| 6 | 8 | 9 | 4 | 1 | 7 | 2 | 5 | 3 |
| 7 | 2 | 3 | 1 | 5 | 8 | 6 | 4 | 9 |
| 5 | 9 | 4 | 2 | 3 | 6 | 1 | 8 | 7 |
| 1 | 6 | 8 | 9 | 7 | 4 | 3 | 2 | 5 |
| 2 | 1 | 5 | 6 | 8 | 9 | 7 | 3 | 4 |
| 9 | 3 | 7 | 5 | 4 | 1 | 8 | 6 | 2 |
| 8 | 4 | 6 | 7 | 2 | 3 | 5 | 9 | 1 |

| 5 | 7 | 3 | 2 | 6 | 9 | 8 | 4 | 1 |
|---|---|---|---|---|---|---|---|---|
| 6 | 2 | 1 | 4 | 8 | 7 | 9 | 3 | 5 |
| 9 | 4 | 8 | 3 | 1 | 5 | 6 | 7 | 2 |
| 7 | 8 | 4 | 6 | 9 | 2 | 1 | 5 | 3 |
| 1 | 9 | 5 | 7 | 4 | 3 | 2 | 8 | 6 |
| 2 | 3 | 6 | 1 | 5 | 8 | 7 | 9 | 4 |
| 8 | 6 | 9 | 5 | 2 | 4 | 3 | 1 | 7 |
| 4 | 1 | 7 | 8 | 3 | 6 | 5 | 2 | 9 |
| 3 | 5 | 2 | 9 | 7 | 1 | 4 | 6 | 8 |

**131**

| 9 | 7 | 5 | 4 | 2 | 1 | 8 | 3 | 6 |
| 8 | 4 | 2 | 6 | 3 | 5 | 7 | 9 | 1 |
| 6 | 1 | 3 | 9 | 7 | 8 | 4 | 5 | 2 |
| 5 | 8 | 1 | 7 | 6 | 9 | 2 | 4 | 3 |
| 3 | 6 | 4 | 8 | 5 | 2 | 1 | 7 | 9 |
| 7 | 2 | 9 | 3 | 1 | 4 | 6 | 8 | 5 |
| 1 | 3 | 8 | 2 | 9 | 7 | 5 | 6 | 4 |
| 4 | 5 | 6 | 1 | 8 | 3 | 9 | 2 | 7 |
| 2 | 9 | 7 | 5 | 4 | 6 | 3 | 1 | 8 |

**132**

| 7 | 5 | 2 | 8 | 9 | 4 | 1 | 6 | 3 |
| 9 | 8 | 3 | 6 | 1 | 5 | 2 | 7 | 4 |
| 1 | 6 | 4 | 7 | 2 | 3 | 8 | 9 | 5 |
| 3 | 7 | 1 | 9 | 6 | 2 | 5 | 4 | 8 |
| 5 | 2 | 8 | 4 | 7 | 1 | 9 | 3 | 6 |
| 4 | 9 | 6 | 3 | 5 | 8 | 7 | 2 | 1 |
| 8 | 1 | 9 | 2 | 3 | 6 | 4 | 5 | 7 |
| 6 | 4 | 7 | 5 | 8 | 9 | 3 | 1 | 2 |
| 2 | 3 | 5 | 1 | 4 | 7 | 6 | 8 | 9 |

**133**

| 9 | 3 | 4 | 1 | 5 | 7 | 8 | 6 | 2 |
| 7 | 2 | 6 | 4 | 9 | 8 | 3 | 5 | 1 |
| 5 | 1 | 8 | 2 | 3 | 6 | 7 | 9 | 4 |
| 8 | 5 | 2 | 7 | 4 | 1 | 6 | 3 | 9 |
| 6 | 9 | 1 | 3 | 8 | 5 | 2 | 4 | 7 |
| 3 | 4 | 7 | 9 | 6 | 2 | 1 | 8 | 5 |
| 4 | 7 | 5 | 8 | 1 | 3 | 9 | 2 | 6 |
| 2 | 6 | 3 | 5 | 7 | 9 | 4 | 1 | 8 |
| 1 | 8 | 9 | 6 | 2 | 4 | 5 | 7 | 3 |

**134**

| 1 | 6 | 4 | 3 | 5 | 8 | 9 | 2 | 7 |
| 2 | 8 | 5 | 7 | 6 | 9 | 3 | 1 | 4 |
| 9 | 7 | 3 | 4 | 1 | 2 | 8 | 5 | 6 |
| 6 | 4 | 2 | 1 | 9 | 7 | 5 | 8 | 3 |
| 7 | 3 | 1 | 8 | 4 | 5 | 6 | 9 | 2 |
| 5 | 9 | 8 | 2 | 3 | 6 | 7 | 4 | 1 |
| 3 | 5 | 6 | 9 | 2 | 4 | 1 | 7 | 8 |
| 4 | 1 | 7 | 5 | 8 | 3 | 2 | 6 | 9 |
| 8 | 2 | 9 | 6 | 7 | 1 | 4 | 3 | 5 |

**135**

| 8 | 4 | 9 | 6 | 7 | 3 | 2 | 1 | 5 |
| 5 | 2 | 6 | 8 | 1 | 4 | 9 | 7 | 3 |
| 7 | 3 | 1 | 5 | 9 | 2 | 8 | 6 | 4 |
| 6 | 5 | 4 | 2 | 3 | 8 | 7 | 9 | 1 |
| 2 | 9 | 3 | 1 | 4 | 7 | 5 | 8 | 6 |
| 1 | 7 | 8 | 9 | 5 | 6 | 3 | 4 | 2 |
| 9 | 6 | 7 | 4 | 2 | 5 | 1 | 3 | 8 |
| 3 | 8 | 5 | 7 | 6 | 1 | 4 | 2 | 9 |
| 4 | 1 | 2 | 3 | 8 | 9 | 6 | 5 | 7 |

**136**

| 2 | 9 | 6 | 4 | 7 | 1 | 8 | 5 | 3 |
| 7 | 1 | 8 | 6 | 5 | 3 | 2 | 9 | 4 |
| 3 | 5 | 4 | 9 | 2 | 8 | 1 | 7 | 6 |
| 9 | 4 | 2 | 1 | 8 | 7 | 3 | 6 | 5 |
| 5 | 6 | 1 | 3 | 9 | 4 | 7 | 2 | 8 |
| 8 | 3 | 7 | 2 | 6 | 5 | 9 | 4 | 1 |
| 1 | 2 | 3 | 7 | 4 | 6 | 5 | 8 | 9 |
| 4 | 7 | 5 | 8 | 3 | 9 | 6 | 1 | 2 |
| 6 | 8 | 9 | 5 | 1 | 2 | 4 | 3 | 7 |

**137**

| 2 | 5 | 8 | 6 | 4 | 9 | 7 | 1 | 3 |
| 4 | 1 | 3 | 2 | 7 | 5 | 8 | 6 | 9 |
| 7 | 9 | 6 | 1 | 8 | 3 | 4 | 2 | 5 |
| 8 | 3 | 4 | 7 | 5 | 2 | 1 | 9 | 6 |
| 9 | 2 | 5 | 8 | 6 | 1 | 3 | 4 | 7 |
| 6 | 7 | 1 | 3 | 9 | 4 | 2 | 5 | 8 |
| 5 | 8 | 2 | 4 | 3 | 6 | 9 | 7 | 1 |
| 3 | 4 | 9 | 5 | 1 | 7 | 6 | 8 | 2 |
| 1 | 6 | 7 | 9 | 2 | 8 | 5 | 3 | 4 |

**138**

| 6 | 5 | 8 | 4 | 9 | 3 | 2 | 1 | 7 |
| 9 | 1 | 2 | 5 | 7 | 8 | 4 | 6 | 3 |
| 7 | 4 | 3 | 6 | 2 | 1 | 5 | 8 | 9 |
| 3 | 7 | 5 | 1 | 4 | 6 | 9 | 2 | 8 |
| 1 | 8 | 9 | 7 | 5 | 2 | 3 | 4 | 6 |
| 2 | 6 | 4 | 3 | 8 | 9 | 1 | 7 | 5 |
| 5 | 3 | 1 | 2 | 6 | 7 | 8 | 9 | 4 |
| 8 | 2 | 7 | 9 | 3 | 4 | 6 | 5 | 1 |
| 4 | 9 | 6 | 8 | 1 | 5 | 7 | 3 | 2 |

**139**

| 8 | 6 | 2 | 1 | 9 | 7 | 5 | 4 | 3 |
|---|---|---|---|---|---|---|---|---|
| 4 | 7 | 3 | 5 | 6 | 8 | 9 | 1 | 2 |
| 1 | 9 | 5 | 2 | 3 | 4 | 6 | 8 | 7 |
| 2 | 5 | 8 | 6 | 7 | 1 | 3 | 9 | 4 |
| 7 | 1 | 9 | 4 | 8 | 3 | 2 | 6 | 5 |
| 3 | 4 | 6 | 9 | 5 | 2 | 8 | 7 | 1 |
| 5 | 2 | 1 | 8 | 4 | 6 | 7 | 3 | 9 |
| 6 | 3 | 4 | 7 | 2 | 9 | 1 | 5 | 8 |
| 9 | 8 | 7 | 3 | 1 | 5 | 4 | 2 | 6 |

**140**

| 3 | 8 | 4 | 9 | 1 | 5 | 7 | 6 | 2 |
|---|---|---|---|---|---|---|---|---|
| 6 | 5 | 7 | 8 | 2 | 3 | 9 | 4 | 1 |
| 9 | 1 | 2 | 7 | 6 | 4 | 5 | 8 | 3 |
| 5 | 2 | 8 | 1 | 9 | 6 | 3 | 7 | 4 |
| 4 | 6 | 3 | 2 | 5 | 7 | 8 | 1 | 9 |
| 1 | 7 | 9 | 4 | 3 | 8 | 2 | 5 | 6 |
| 2 | 3 | 6 | 5 | 7 | 1 | 4 | 9 | 8 |
| 8 | 9 | 5 | 6 | 4 | 2 | 1 | 3 | 7 |
| 7 | 4 | 1 | 3 | 8 | 9 | 6 | 2 | 5 |

**141**

| 7 | 8 | 9 | 3 | 1 | 5 | 6 | 2 | 4 |
|---|---|---|---|---|---|---|---|---|
| 3 | 6 | 1 | 4 | 2 | 7 | 5 | 9 | 8 |
| 4 | 5 | 2 | 9 | 6 | 8 | 3 | 1 | 7 |
| 1 | 7 | 4 | 8 | 9 | 3 | 2 | 6 | 5 |
| 6 | 9 | 5 | 7 | 4 | 2 | 1 | 8 | 3 |
| 8 | 2 | 3 | 1 | 5 | 6 | 4 | 7 | 9 |
| 5 | 1 | 7 | 2 | 3 | 9 | 8 | 4 | 6 |
| 2 | 3 | 8 | 6 | 7 | 4 | 9 | 5 | 1 |
| 9 | 4 | 6 | 5 | 8 | 1 | 7 | 3 | 2 |

**142**

| 6 | 5 | 9 | 2 | 1 | 3 | 7 | 8 | 4 |
|---|---|---|---|---|---|---|---|---|
| 4 | 2 | 1 | 8 | 7 | 6 | 5 | 9 | 3 |
| 3 | 7 | 8 | 9 | 5 | 4 | 1 | 6 | 2 |
| 7 | 9 | 6 | 4 | 8 | 2 | 3 | 5 | 1 |
| 8 | 4 | 3 | 5 | 9 | 1 | 6 | 2 | 7 |
| 5 | 1 | 2 | 3 | 6 | 7 | 8 | 4 | 9 |
| 1 | 3 | 4 | 6 | 2 | 5 | 9 | 7 | 8 |
| 2 | 8 | 5 | 7 | 3 | 9 | 4 | 1 | 6 |
| 9 | 6 | 7 | 1 | 4 | 8 | 2 | 3 | 5 |

**143**

| 9 | 2 | 7 | 8 | 5 | 1 | 3 | 6 | 4 |
| 4 | 6 | 8 | 7 | 3 | 2 | 9 | 5 | 1 |
| 5 | 3 | 1 | 6 | 4 | 9 | 7 | 8 | 2 |
| 3 | 1 | 2 | 9 | 8 | 6 | 4 | 7 | 5 |
| 7 | 4 | 6 | 1 | 2 | 5 | 8 | 9 | 3 |
| 8 | 9 | 5 | 4 | 7 | 3 | 2 | 1 | 6 |
| 6 | 8 | 3 | 2 | 1 | 7 | 5 | 4 | 9 |
| 2 | 7 | 9 | 5 | 6 | 4 | 1 | 3 | 8 |
| 1 | 5 | 4 | 3 | 9 | 8 | 6 | 2 | 7 |

**144**

| 9 | 3 | 6 | 8 | 4 | 1 | 2 | 5 | 7 |
| 5 | 4 | 1 | 7 | 2 | 3 | 8 | 6 | 9 |
| 7 | 8 | 2 | 5 | 6 | 9 | 4 | 1 | 3 |
| 2 | 1 | 4 | 3 | 5 | 6 | 9 | 7 | 8 |
| 6 | 9 | 7 | 2 | 1 | 8 | 5 | 3 | 4 |
| 8 | 5 | 3 | 4 | 9 | 7 | 6 | 2 | 1 |
| 4 | 6 | 9 | 1 | 7 | 2 | 3 | 8 | 5 |
| 3 | 7 | 5 | 6 | 8 | 4 | 1 | 9 | 2 |
| 1 | 2 | 8 | 9 | 3 | 5 | 7 | 4 | 6 |

| 6 | 2 | 3 | 9 | 7 | 5 | 8 | 4 | 1 |
| 7 | 1 | 9 | 2 | 4 | 8 | 6 | 3 | 5 |
| 5 | 8 | 4 | 1 | 6 | 3 | 2 | 7 | 9 |
| 9 | 5 | 8 | 4 | 3 | 2 | 1 | 6 | 7 |
| 3 | 7 | 2 | 6 | 5 | 1 | 4 | 9 | 8 |
| 4 | 6 | 1 | 7 | 8 | 9 | 3 | 5 | 2 |
| 2 | 4 | 5 | 8 | 9 | 6 | 7 | 1 | 3 |
| 1 | 3 | 7 | 5 | 2 | 4 | 9 | 8 | 6 |
| 8 | 9 | 6 | 3 | 1 | 7 | 5 | 2 | 4 |

| 6 | 4 | 7 | 5 | 8 | 2 | 1 | 3 | 9 |
| 5 | 3 | 1 | 6 | 9 | 7 | 4 | 2 | 8 |
| 8 | 9 | 2 | 3 | 4 | 1 | 5 | 6 | 7 |
| 7 | 2 | 4 | 9 | 1 | 6 | 3 | 8 | 5 |
| 9 | 6 | 5 | 8 | 2 | 3 | 7 | 4 | 1 |
| 1 | 8 | 3 | 4 | 7 | 5 | 6 | 9 | 2 |
| 3 | 1 | 9 | 2 | 5 | 4 | 8 | 7 | 6 |
| 2 | 7 | 6 | 1 | 3 | 8 | 9 | 5 | 4 |
| 4 | 5 | 8 | 7 | 6 | 9 | 2 | 1 | 3 |

**147**

| 6 | 5 | 9 | 2 | 1 | 7 | 3 | 4 | 8 |
| 8 | 4 | 2 | 3 | 5 | 6 | 1 | 7 | 9 |
| 7 | 1 | 3 | 4 | 8 | 9 | 5 | 6 | 2 |
| 5 | 8 | 6 | 7 | 9 | 3 | 2 | 1 | 4 |
| 9 | 7 | 1 | 5 | 2 | 4 | 6 | 8 | 3 |
| 3 | 2 | 4 | 8 | 6 | 1 | 7 | 9 | 5 |
| 4 | 9 | 7 | 6 | 3 | 2 | 8 | 5 | 1 |
| 1 | 3 | 8 | 9 | 7 | 5 | 4 | 2 | 6 |
| 2 | 6 | 5 | 1 | 4 | 8 | 9 | 3 | 7 |

**148**

| 4 | 5 | 6 | 9 | 3 | 7 | 8 | 1 | 2 |
| 3 | 8 | 1 | 4 | 2 | 6 | 9 | 7 | 5 |
| 9 | 7 | 2 | 8 | 1 | 5 | 6 | 3 | 4 |
| 7 | 4 | 5 | 1 | 6 | 8 | 3 | 2 | 9 |
| 8 | 6 | 3 | 2 | 5 | 9 | 1 | 4 | 7 |
| 1 | 2 | 9 | 3 | 7 | 4 | 5 | 8 | 6 |
| 5 | 9 | 8 | 7 | 4 | 3 | 2 | 6 | 1 |
| 6 | 1 | 4 | 5 | 8 | 2 | 7 | 9 | 3 |
| 2 | 3 | 7 | 6 | 9 | 1 | 4 | 5 | 8 |

**149**

| 5 | 4 | 9 | 8 | 6 | 7 | 1 | 3 | 2 |
| 6 | 2 | 3 | 5 | 1 | 9 | 8 | 4 | 7 |
| 7 | 8 | 1 | 2 | 4 | 3 | 9 | 6 | 5 |
| 8 | 9 | 6 | 3 | 2 | 1 | 7 | 5 | 4 |
| 2 | 1 | 7 | 4 | 9 | 5 | 3 | 8 | 6 |
| 4 | 3 | 5 | 7 | 8 | 6 | 2 | 9 | 1 |
| 1 | 5 | 8 | 9 | 7 | 4 | 6 | 2 | 3 |
| 3 | 7 | 2 | 6 | 5 | 8 | 4 | 1 | 9 |
| 9 | 6 | 4 | 1 | 3 | 2 | 5 | 7 | 8 |

**150**

| 2 | 3 | 1 | 9 | 4 | 5 | 8 | 7 | 6 |
| 8 | 6 | 4 | 2 | 7 | 1 | 3 | 9 | 5 |
| 7 | 9 | 5 | 8 | 6 | 3 | 2 | 4 | 1 |
| 5 | 8 | 7 | 6 | 2 | 4 | 1 | 3 | 9 |
| 9 | 4 | 3 | 5 | 1 | 8 | 6 | 2 | 7 |
| 6 | 1 | 2 | 7 | 3 | 9 | 4 | 5 | 8 |
| 3 | 5 | 9 | 4 | 8 | 6 | 7 | 1 | 2 |
| 1 | 7 | 8 | 3 | 9 | 2 | 5 | 6 | 4 |
| 4 | 2 | 6 | 1 | 5 | 7 | 9 | 8 | 3 |

**151**

| 2 | 8 | 7 | 9 | 5 | 3 | 1 | 4 | 6 |
| 9 | 1 | 5 | 6 | 4 | 8 | 2 | 3 | 7 |
| 6 | 4 | 3 | 1 | 2 | 7 | 9 | 8 | 5 |
| 8 | 9 | 2 | 3 | 1 | 6 | 7 | 5 | 4 |
| 3 | 7 | 1 | 5 | 9 | 4 | 8 | 6 | 2 |
| 4 | 5 | 6 | 8 | 7 | 2 | 3 | 9 | 1 |
| 7 | 6 | 4 | 2 | 8 | 9 | 5 | 1 | 3 |
| 5 | 2 | 9 | 4 | 3 | 1 | 6 | 7 | 8 |
| 1 | 3 | 8 | 7 | 6 | 5 | 4 | 2 | 9 |

**152**

| 5 | 3 | 4 | 9 | 1 | 2 | 7 | 6 | 8 |
| 1 | 7 | 6 | 8 | 3 | 4 | 2 | 9 | 5 |
| 2 | 8 | 9 | 6 | 5 | 7 | 4 | 3 | 1 |
| 8 | 5 | 3 | 7 | 4 | 9 | 6 | 1 | 2 |
| 9 | 4 | 2 | 1 | 8 | 6 | 5 | 7 | 3 |
| 7 | 6 | 1 | 3 | 2 | 5 | 9 | 8 | 4 |
| 3 | 2 | 7 | 4 | 6 | 1 | 8 | 5 | 9 |
| 6 | 1 | 5 | 2 | 9 | 8 | 3 | 4 | 7 |
| 4 | 9 | 8 | 5 | 7 | 3 | 1 | 2 | 6 |

| 9 | 3 | 5 | 2 | 7 | 6 | 1 | 4 | 8 |
| 7 | 1 | 2 | 4 | 8 | 9 | 3 | 6 | 5 |
| 6 | 8 | 4 | 3 | 1 | 5 | 2 | 9 | 7 |
| 4 | 6 | 9 | 5 | 2 | 3 | 7 | 8 | 1 |
| 2 | 5 | 8 | 1 | 4 | 7 | 6 | 3 | 9 |
| 3 | 7 | 1 | 9 | 6 | 8 | 5 | 2 | 4 |
| 5 | 9 | 7 | 8 | 3 | 2 | 4 | 1 | 6 |
| 1 | 2 | 6 | 7 | 9 | 4 | 8 | 5 | 3 |
| 8 | 4 | 3 | 6 | 5 | 1 | 9 | 7 | 2 |

| 2 | 3 | 5 | 1 | 6 | 8 | 7 | 9 | 4 |
| 1 | 6 | 7 | 3 | 9 | 4 | 2 | 5 | 8 |
| 4 | 8 | 9 | 7 | 5 | 2 | 1 | 3 | 6 |
| 9 | 7 | 8 | 5 | 1 | 3 | 4 | 6 | 2 |
| 6 | 5 | 2 | 8 | 4 | 7 | 3 | 1 | 9 |
| 3 | 4 | 1 | 9 | 2 | 6 | 5 | 8 | 7 |
| 7 | 9 | 6 | 4 | 3 | 5 | 8 | 2 | 1 |
| 8 | 2 | 3 | 6 | 7 | 1 | 9 | 4 | 5 |
| 5 | 1 | 4 | 2 | 8 | 9 | 6 | 7 | 3 |

**155**

| 4 | 9 | 8 | 6 | 3 | 1 | 5 | 7 | 2 |
|---|---|---|---|---|---|---|---|---|
| 5 | 7 | 1 | 9 | 4 | 2 | 8 | 6 | 3 |
| 3 | 6 | 2 | 8 | 7 | 5 | 4 | 1 | 9 |
| 1 | 5 | 4 | 3 | 9 | 6 | 7 | 2 | 8 |
| 7 | 2 | 6 | 1 | 5 | 8 | 3 | 9 | 4 |
| 8 | 3 | 9 | 7 | 2 | 4 | 1 | 5 | 6 |
| 9 | 1 | 5 | 4 | 6 | 3 | 2 | 8 | 7 |
| 6 | 8 | 3 | 2 | 1 | 7 | 9 | 4 | 5 |
| 2 | 4 | 7 | 5 | 8 | 9 | 6 | 3 | 1 |

**156**

| 4 | 6 | 5 | 9 | 2 | 3 | 1 | 8 | 7 |
|---|---|---|---|---|---|---|---|---|
| 9 | 3 | 8 | 6 | 1 | 7 | 4 | 2 | 5 |
| 7 | 2 | 1 | 5 | 4 | 8 | 9 | 6 | 3 |
| 2 | 4 | 6 | 8 | 3 | 9 | 7 | 5 | 1 |
| 5 | 1 | 3 | 2 | 7 | 6 | 8 | 9 | 4 |
| 8 | 9 | 7 | 4 | 5 | 1 | 2 | 3 | 6 |
| 1 | 5 | 9 | 7 | 6 | 2 | 3 | 4 | 8 |
| 6 | 7 | 2 | 3 | 8 | 4 | 5 | 1 | 9 |
| 3 | 8 | 4 | 1 | 9 | 5 | 6 | 7 | 2 |

**157**

| 1 | 6 | 8 | 5 | 4 | 2 | 3 | 9 | 7 |
| 4 | 7 | 2 | 3 | 9 | 6 | 1 | 8 | 5 |
| 5 | 3 | 9 | 1 | 7 | 8 | 2 | 4 | 6 |
| 2 | 1 | 6 | 8 | 5 | 9 | 7 | 3 | 4 |
| 3 | 8 | 7 | 4 | 6 | 1 | 9 | 5 | 2 |
| 9 | 4 | 5 | 7 | 2 | 3 | 8 | 6 | 1 |
| 8 | 2 | 3 | 6 | 1 | 4 | 5 | 7 | 9 |
| 6 | 5 | 1 | 9 | 3 | 7 | 4 | 2 | 8 |
| 7 | 9 | 4 | 2 | 8 | 5 | 6 | 1 | 3 |

**158**

| 6 | 2 | 3 | 8 | 9 | 1 | 5 | 7 | 4 |
| 9 | 4 | 1 | 5 | 7 | 2 | 3 | 8 | 6 |
| 7 | 5 | 8 | 4 | 3 | 6 | 9 | 1 | 2 |
| 5 | 1 | 2 | 6 | 4 | 7 | 8 | 9 | 3 |
| 8 | 3 | 7 | 2 | 5 | 9 | 6 | 4 | 1 |
| 4 | 9 | 6 | 3 | 1 | 8 | 2 | 5 | 7 |
| 2 | 7 | 9 | 1 | 6 | 5 | 4 | 3 | 8 |
| 1 | 8 | 4 | 9 | 2 | 3 | 7 | 6 | 5 |
| 3 | 6 | 5 | 7 | 8 | 4 | 1 | 2 | 9 |

**159**

| 6 | 7 | 8 | 1 | 3 | 5 | 2 | 9 | 4 |
|---|---|---|---|---|---|---|---|---|
| 4 | 1 | 5 | 2 | 9 | 6 | 8 | 7 | 3 |
| 2 | 3 | 9 | 8 | 7 | 4 | 1 | 5 | 6 |
| 5 | 4 | 1 | 7 | 6 | 2 | 3 | 8 | 9 |
| 9 | 2 | 3 | 5 | 8 | 1 | 4 | 6 | 7 |
| 7 | 8 | 6 | 9 | 4 | 3 | 5 | 1 | 2 |
| 1 | 5 | 4 | 6 | 2 | 9 | 7 | 3 | 8 |
| 3 | 6 | 7 | 4 | 1 | 8 | 9 | 2 | 5 |
| 8 | 9 | 2 | 3 | 5 | 7 | 6 | 4 | 1 |

**160**

| 2 | 9 | 7 | 8 | 5 | 6 | 3 | 4 | 1 |
|---|---|---|---|---|---|---|---|---|
| 3 | 8 | 6 | 2 | 1 | 4 | 7 | 5 | 9 |
| 1 | 4 | 5 | 3 | 7 | 9 | 8 | 2 | 6 |
| 6 | 5 | 9 | 1 | 8 | 7 | 2 | 3 | 4 |
| 7 | 2 | 8 | 4 | 9 | 3 | 1 | 6 | 5 |
| 4 | 1 | 3 | 6 | 2 | 5 | 9 | 8 | 7 |
| 5 | 3 | 2 | 9 | 4 | 1 | 6 | 7 | 8 |
| 9 | 6 | 4 | 7 | 3 | 8 | 5 | 1 | 2 |
| 8 | 7 | 1 | 5 | 6 | 2 | 4 | 9 | 3 |

**161**

| 6 | 4 | 3 | 9 | 2 | 8 | 1 | 7 | 5 |
|---|---|---|---|---|---|---|---|---|
| 5 | 9 | 1 | 7 | 4 | 6 | 2 | 8 | 3 |
| 2 | 7 | 8 | 5 | 1 | 3 | 9 | 6 | 4 |
| 7 | 8 | 4 | 6 | 3 | 2 | 5 | 9 | 1 |
| 1 | 5 | 9 | 8 | 7 | 4 | 3 | 2 | 6 |
| 3 | 6 | 2 | 1 | 9 | 5 | 7 | 4 | 8 |
| 4 | 2 | 7 | 3 | 6 | 1 | 8 | 5 | 9 |
| 8 | 1 | 6 | 2 | 5 | 9 | 4 | 3 | 7 |
| 9 | 3 | 5 | 4 | 8 | 7 | 6 | 1 | 2 |

**162**

| 6 | 5 | 8 | 7 | 2 | 9 | 4 | 3 | 1 |
|---|---|---|---|---|---|---|---|---|
| 9 | 1 | 3 | 6 | 4 | 5 | 7 | 8 | 2 |
| 7 | 4 | 2 | 3 | 8 | 1 | 6 | 5 | 9 |
| 1 | 3 | 5 | 8 | 9 | 6 | 2 | 4 | 7 |
| 2 | 9 | 4 | 1 | 5 | 7 | 8 | 6 | 3 |
| 8 | 7 | 6 | 2 | 3 | 4 | 1 | 9 | 5 |
| 5 | 6 | 1 | 9 | 7 | 8 | 3 | 2 | 4 |
| 4 | 2 | 7 | 5 | 6 | 3 | 9 | 1 | 8 |
| 3 | 8 | 9 | 4 | 1 | 2 | 5 | 7 | 6 |

**163**

| 7 | 4 | 1 | 5 | 9 | 2 | 3 | 8 | 6 |
| 6 | 5 | 8 | 3 | 4 | 1 | 7 | 9 | 2 |
| 3 | 2 | 9 | 7 | 6 | 8 | 4 | 5 | 1 |
| 5 | 9 | 6 | 2 | 3 | 7 | 8 | 1 | 4 |
| 1 | 8 | 2 | 4 | 5 | 9 | 6 | 3 | 7 |
| 4 | 3 | 7 | 1 | 8 | 6 | 9 | 2 | 5 |
| 2 | 1 | 3 | 8 | 7 | 4 | 5 | 6 | 9 |
| 9 | 7 | 5 | 6 | 2 | 3 | 1 | 4 | 8 |
| 8 | 6 | 4 | 9 | 1 | 5 | 2 | 7 | 3 |

**164**

| 5 | 2 | 9 | 4 | 7 | 3 | 8 | 6 | 1 |
| 4 | 1 | 8 | 9 | 5 | 6 | 2 | 3 | 7 |
| 7 | 6 | 3 | 1 | 2 | 8 | 4 | 5 | 9 |
| 6 | 5 | 4 | 7 | 8 | 2 | 1 | 9 | 3 |
| 2 | 9 | 1 | 6 | 3 | 4 | 5 | 7 | 8 |
| 3 | 8 | 7 | 5 | 9 | 1 | 6 | 2 | 4 |
| 9 | 4 | 2 | 8 | 6 | 7 | 3 | 1 | 5 |
| 1 | 3 | 5 | 2 | 4 | 9 | 7 | 8 | 6 |
| 8 | 7 | 6 | 3 | 1 | 5 | 9 | 4 | 2 |

## 165

| 1 | 8 | 4 | 7 | 5 | 3 | 6 | 2 | 9 |
| 2 | 9 | 5 | 8 | 1 | 6 | 7 | 4 | 3 |
| 3 | 7 | 6 | 4 | 2 | 9 | 8 | 5 | 1 |
| 5 | 2 | 3 | 1 | 8 | 7 | 9 | 6 | 4 |
| 4 | 1 | 7 | 6 | 9 | 5 | 3 | 8 | 2 |
| 8 | 6 | 9 | 3 | 4 | 2 | 1 | 7 | 5 |
| 7 | 4 | 8 | 5 | 3 | 1 | 2 | 9 | 6 |
| 9 | 5 | 1 | 2 | 6 | 8 | 4 | 3 | 7 |
| 6 | 3 | 2 | 9 | 7 | 4 | 5 | 1 | 8 |

## 166

| 8 | 4 | 1 | 2 | 7 | 5 | 3 | 9 | 6 |
| 2 | 3 | 7 | 6 | 9 | 4 | 1 | 8 | 5 |
| 6 | 5 | 9 | 8 | 3 | 1 | 2 | 4 | 7 |
| 7 | 9 | 6 | 3 | 8 | 2 | 5 | 1 | 4 |
| 3 | 8 | 4 | 1 | 5 | 6 | 7 | 2 | 9 |
| 1 | 2 | 5 | 7 | 4 | 9 | 6 | 3 | 8 |
| 4 | 6 | 3 | 5 | 2 | 8 | 9 | 7 | 1 |
| 9 | 1 | 2 | 4 | 6 | 7 | 8 | 5 | 3 |
| 5 | 7 | 8 | 9 | 1 | 3 | 4 | 6 | 2 |

**167**

| 7 | 3 | 6 | 9 | 8 | 4 | 2 | 1 | 5 |
|---|---|---|---|---|---|---|---|---|
| 5 | 2 | 1 | 6 | 7 | 3 | 9 | 8 | 4 |
| 4 | 9 | 8 | 1 | 5 | 2 | 6 | 7 | 3 |
| 3 | 7 | 4 | 2 | 9 | 6 | 8 | 5 | 1 |
| 1 | 6 | 9 | 8 | 4 | 5 | 7 | 3 | 2 |
| 2 | 8 | 5 | 7 | 3 | 1 | 4 | 9 | 6 |
| 6 | 5 | 7 | 3 | 2 | 9 | 1 | 4 | 8 |
| 9 | 4 | 2 | 5 | 1 | 8 | 3 | 6 | 7 |
| 8 | 1 | 3 | 4 | 6 | 7 | 5 | 2 | 9 |

**168**

| 3 | 2 | 8 | 7 | 5 | 4 | 9 | 1 | 6 |
|---|---|---|---|---|---|---|---|---|
| 1 | 4 | 5 | 9 | 3 | 6 | 2 | 8 | 7 |
| 7 | 9 | 6 | 1 | 8 | 2 | 4 | 3 | 5 |
| 6 | 8 | 4 | 2 | 1 | 5 | 3 | 7 | 9 |
| 9 | 1 | 3 | 6 | 4 | 7 | 5 | 2 | 8 |
| 5 | 7 | 2 | 3 | 9 | 8 | 6 | 4 | 1 |
| 8 | 6 | 1 | 4 | 2 | 9 | 7 | 5 | 3 |
| 4 | 5 | 9 | 8 | 7 | 3 | 1 | 6 | 2 |
| 2 | 3 | 7 | 5 | 6 | 1 | 8 | 9 | 4 |

**169**

| 9 | 6 | 2 | 4 | 1 | 5 | 8 | 7 | 3 |
| 8 | 1 | 5 | 3 | 6 | 7 | 4 | 2 | 9 |
| 3 | 4 | 7 | 9 | 8 | 2 | 5 | 1 | 6 |
| 2 | 7 | 6 | 5 | 4 | 3 | 1 | 9 | 8 |
| 1 | 5 | 8 | 6 | 2 | 9 | 7 | 3 | 4 |
| 4 | 9 | 3 | 1 | 7 | 8 | 6 | 5 | 2 |
| 7 | 8 | 4 | 2 | 9 | 1 | 3 | 6 | 5 |
| 6 | 3 | 9 | 7 | 5 | 4 | 2 | 8 | 1 |
| 5 | 2 | 1 | 8 | 3 | 6 | 9 | 4 | 7 |

**170**

| 5 | 2 | 4 | 1 | 6 | 9 | 7 | 3 | 8 |
| 7 | 9 | 3 | 4 | 2 | 8 | 5 | 1 | 6 |
| 8 | 6 | 1 | 7 | 5 | 3 | 9 | 2 | 4 |
| 3 | 4 | 2 | 9 | 7 | 1 | 8 | 6 | 5 |
| 1 | 5 | 8 | 6 | 4 | 2 | 3 | 9 | 7 |
| 6 | 7 | 9 | 8 | 3 | 5 | 2 | 4 | 1 |
| 4 | 8 | 7 | 2 | 9 | 6 | 1 | 5 | 3 |
| 9 | 1 | 5 | 3 | 8 | 4 | 6 | 7 | 2 |
| 2 | 3 | 6 | 5 | 1 | 7 | 4 | 8 | 9 |

**171**

| 3 | 1 | 6 | 4 | 9 | 2 | 8 | 7 | 5 |
|---|---|---|---|---|---|---|---|---|
| 8 | 7 | 2 | 1 | 6 | 5 | 4 | 9 | 3 |
| 9 | 4 | 5 | 3 | 8 | 7 | 6 | 1 | 2 |
| 7 | 2 | 1 | 6 | 5 | 8 | 9 | 3 | 4 |
| 6 | 8 | 3 | 9 | 4 | 1 | 2 | 5 | 7 |
| 5 | 9 | 4 | 7 | 2 | 3 | 1 | 8 | 6 |
| 1 | 6 | 9 | 5 | 7 | 4 | 3 | 2 | 8 |
| 2 | 3 | 7 | 8 | 1 | 6 | 5 | 4 | 9 |
| 4 | 5 | 8 | 2 | 3 | 9 | 7 | 6 | 1 |

**172**

| 9 | 5 | 7 | 1 | 2 | 8 | 6 | 4 | 3 |
|---|---|---|---|---|---|---|---|---|
| 1 | 6 | 3 | 9 | 5 | 4 | 7 | 2 | 8 |
| 2 | 4 | 8 | 6 | 3 | 7 | 5 | 1 | 9 |
| 3 | 1 | 9 | 5 | 8 | 2 | 4 | 7 | 6 |
| 8 | 7 | 5 | 4 | 6 | 1 | 9 | 3 | 2 |
| 6 | 2 | 4 | 7 | 9 | 3 | 1 | 8 | 5 |
| 5 | 3 | 1 | 8 | 4 | 6 | 2 | 9 | 7 |
| 7 | 9 | 2 | 3 | 1 | 5 | 8 | 6 | 4 |
| 4 | 8 | 6 | 2 | 7 | 9 | 3 | 5 | 1 |

**173**

| 5 | 4 | 9 | 7 | 3 | 2 | 1 | 6 | 8 |
| 2 | 3 | 6 | 8 | 1 | 4 | 5 | 7 | 9 |
| 1 | 7 | 8 | 5 | 9 | 6 | 3 | 2 | 4 |
| 9 | 5 | 4 | 2 | 8 | 3 | 6 | 1 | 7 |
| 3 | 8 | 2 | 6 | 7 | 1 | 4 | 9 | 5 |
| 7 | 6 | 1 | 4 | 5 | 9 | 2 | 8 | 3 |
| 4 | 9 | 3 | 1 | 2 | 8 | 7 | 5 | 6 |
| 8 | 2 | 5 | 3 | 6 | 7 | 9 | 4 | 1 |
| 6 | 1 | 7 | 9 | 4 | 5 | 8 | 3 | 2 |

**174**

| 1 | 9 | 8 | 4 | 2 | 6 | 7 | 5 | 3 |
| 2 | 4 | 7 | 3 | 5 | 8 | 6 | 9 | 1 |
| 6 | 5 | 3 | 7 | 1 | 9 | 2 | 4 | 8 |
| 7 | 8 | 2 | 9 | 3 | 4 | 1 | 6 | 5 |
| 9 | 6 | 4 | 5 | 8 | 1 | 3 | 2 | 7 |
| 3 | 1 | 5 | 6 | 7 | 2 | 4 | 8 | 9 |
| 4 | 2 | 1 | 8 | 9 | 3 | 5 | 7 | 6 |
| 5 | 3 | 9 | 2 | 6 | 7 | 8 | 1 | 4 |
| 8 | 7 | 6 | 1 | 4 | 5 | 9 | 3 | 2 |

The Big Book of Killer Su Doku

**175**

| 6 | 5 | 3 | 7 | 2 | 4 | 1 | 9 | 8 |
|---|---|---|---|---|---|---|---|---|
| 1 | 4 | 9 | 6 | 3 | 8 | 2 | 5 | 7 |
| 7 | 8 | 2 | 5 | 1 | 9 | 4 | 3 | 6 |
| 2 | 6 | 4 | 8 | 7 | 3 | 5 | 1 | 9 |
| 5 | 1 | 7 | 9 | 4 | 2 | 6 | 8 | 3 |
| 9 | 3 | 8 | 1 | 6 | 5 | 7 | 4 | 2 |
| 3 | 2 | 1 | 4 | 8 | 6 | 9 | 7 | 5 |
| 8 | 7 | 5 | 2 | 9 | 1 | 3 | 6 | 4 |
| 4 | 9 | 6 | 3 | 5 | 7 | 8 | 2 | 1 |

**176**

| 3 | 2 | 6 | 1 | 5 | 9 | 7 | 4 | 8 |
|---|---|---|---|---|---|---|---|---|
| 1 | 7 | 9 | 2 | 4 | 8 | 5 | 6 | 3 |
| 5 | 4 | 8 | 7 | 6 | 3 | 2 | 9 | 1 |
| 2 | 3 | 5 | 9 | 1 | 4 | 8 | 7 | 6 |
| 7 | 6 | 4 | 3 | 8 | 2 | 1 | 5 | 9 |
| 9 | 8 | 1 | 6 | 7 | 5 | 3 | 2 | 4 |
| 6 | 5 | 2 | 8 | 9 | 1 | 4 | 3 | 7 |
| 8 | 9 | 3 | 4 | 2 | 7 | 6 | 1 | 5 |
| 4 | 1 | 7 | 5 | 3 | 6 | 9 | 8 | 2 |

| 8 | 2 | 5 | 9 | 7 | 6 | 3 | 4 | 1 |
| 9 | 7 | 3 | 1 | 8 | 4 | 5 | 6 | 2 |
| 4 | 6 | 1 | 5 | 3 | 2 | 7 | 8 | 9 |
| 2 | 5 | 8 | 7 | 4 | 3 | 1 | 9 | 6 |
| 1 | 9 | 6 | 8 | 2 | 5 | 4 | 7 | 3 |
| 3 | 4 | 7 | 6 | 1 | 9 | 8 | 2 | 5 |
| 7 | 8 | 9 | 2 | 5 | 1 | 6 | 3 | 4 |
| 5 | 3 | 2 | 4 | 6 | 7 | 9 | 1 | 8 |
| 6 | 1 | 4 | 3 | 9 | 8 | 2 | 5 | 7 |

| 3 | 4 | 1 | 8 | 6 | 7 | 2 | 5 | 9 |
| 9 | 2 | 7 | 4 | 3 | 5 | 1 | 6 | 8 |
| 8 | 6 | 5 | 2 | 1 | 9 | 4 | 3 | 7 |
| 5 | 8 | 2 | 1 | 4 | 6 | 9 | 7 | 3 |
| 7 | 9 | 4 | 3 | 5 | 8 | 6 | 1 | 2 |
| 1 | 3 | 6 | 9 | 7 | 2 | 5 | 8 | 4 |
| 2 | 1 | 8 | 5 | 9 | 3 | 7 | 4 | 6 |
| 6 | 5 | 3 | 7 | 2 | 4 | 8 | 9 | 1 |
| 4 | 7 | 9 | 6 | 8 | 1 | 3 | 2 | 5 |

**179**

| 4 | 1 | 2 | 3 | 6 | 9 | 8 | 7 | 5 |
|---|---|---|---|---|---|---|---|---|
| 7 | 5 | 3 | 8 | 1 | 2 | 9 | 4 | 6 |
| 9 | 8 | 6 | 7 | 4 | 5 | 1 | 2 | 3 |
| 6 | 9 | 5 | 1 | 2 | 3 | 4 | 8 | 7 |
| 3 | 7 | 4 | 9 | 8 | 6 | 5 | 1 | 2 |
| 1 | 2 | 8 | 5 | 7 | 4 | 3 | 6 | 9 |
| 8 | 3 | 7 | 6 | 5 | 1 | 2 | 9 | 4 |
| 2 | 6 | 9 | 4 | 3 | 8 | 7 | 5 | 1 |
| 5 | 4 | 1 | 2 | 9 | 7 | 6 | 3 | 8 |

**180**

| 4 | 9 | 6 | 7 | 1 | 3 | 8 | 5 | 2 |
|---|---|---|---|---|---|---|---|---|
| 5 | 2 | 8 | 9 | 6 | 4 | 1 | 7 | 3 |
| 7 | 1 | 3 | 2 | 8 | 5 | 6 | 9 | 4 |
| 8 | 3 | 5 | 4 | 9 | 7 | 2 | 6 | 1 |
| 6 | 7 | 2 | 5 | 3 | 1 | 9 | 4 | 8 |
| 9 | 4 | 1 | 6 | 2 | 8 | 5 | 3 | 7 |
| 1 | 8 | 9 | 3 | 4 | 6 | 7 | 2 | 5 |
| 2 | 5 | 4 | 8 | 7 | 9 | 3 | 1 | 6 |
| 3 | 6 | 7 | 1 | 5 | 2 | 4 | 8 | 9 |

181

| 4 | 9 | 5 | 3 | 7 | 2 | 1 | 8 | 6 |
| 3 | 2 | 8 | 5 | 6 | 1 | 4 | 9 | 7 |
| 1 | 6 | 7 | 9 | 8 | 4 | 2 | 3 | 5 |
| 2 | 8 | 9 | 7 | 1 | 3 | 5 | 6 | 4 |
| 5 | 3 | 6 | 4 | 2 | 8 | 9 | 7 | 1 |
| 7 | 1 | 4 | 6 | 9 | 5 | 3 | 2 | 8 |
| 9 | 5 | 2 | 8 | 4 | 7 | 6 | 1 | 3 |
| 8 | 4 | 1 | 2 | 3 | 6 | 7 | 5 | 9 |
| 6 | 7 | 3 | 1 | 5 | 9 | 8 | 4 | 2 |

182

| 6 | 5 | 8 | 3 | 2 | 9 | 1 | 4 | 7 |
| 9 | 7 | 2 | 1 | 4 | 8 | 5 | 3 | 6 |
| 1 | 3 | 4 | 5 | 6 | 7 | 9 | 2 | 8 |
| 5 | 2 | 9 | 8 | 7 | 3 | 6 | 1 | 4 |
| 7 | 4 | 1 | 6 | 5 | 2 | 8 | 9 | 3 |
| 3 | 8 | 6 | 4 | 9 | 1 | 7 | 5 | 2 |
| 4 | 9 | 3 | 7 | 8 | 5 | 2 | 6 | 1 |
| 8 | 6 | 5 | 2 | 1 | 4 | 3 | 7 | 9 |
| 2 | 1 | 7 | 9 | 3 | 6 | 4 | 8 | 5 |

**183**

| 1 | 8 | 7 | 6 | 2 | 4 | 5 | 9 | 3 |
|---|---|---|---|---|---|---|---|---|
| 2 | 4 | 6 | 9 | 3 | 5 | 1 | 7 | 8 |
| 9 | 3 | 5 | 7 | 1 | 8 | 2 | 4 | 6 |
| 8 | 5 | 9 | 2 | 4 | 3 | 6 | 1 | 7 |
| 6 | 1 | 4 | 8 | 5 | 7 | 3 | 2 | 9 |
| 7 | 2 | 3 | 1 | 6 | 9 | 8 | 5 | 4 |
| 5 | 7 | 2 | 4 | 8 | 6 | 9 | 3 | 1 |
| 3 | 9 | 8 | 5 | 7 | 1 | 4 | 6 | 2 |
| 4 | 6 | 1 | 3 | 9 | 2 | 7 | 8 | 5 |

**184**

| 9 | 4 | 2 | 1 | 3 | 6 | 8 | 7 | 5 |
|---|---|---|---|---|---|---|---|---|
| 1 | 8 | 3 | 7 | 9 | 5 | 2 | 6 | 4 |
| 7 | 6 | 5 | 2 | 8 | 4 | 1 | 3 | 9 |
| 6 | 3 | 1 | 4 | 5 | 8 | 9 | 2 | 7 |
| 2 | 5 | 9 | 3 | 1 | 7 | 6 | 4 | 8 |
| 8 | 7 | 4 | 6 | 2 | 9 | 5 | 1 | 3 |
| 5 | 1 | 7 | 8 | 6 | 3 | 4 | 9 | 2 |
| 3 | 2 | 8 | 9 | 4 | 1 | 7 | 5 | 6 |
| 4 | 9 | 6 | 5 | 7 | 2 | 3 | 8 | 1 |

**185**

| 3 | 9 | 4 | 1 | 5 | 8 | 2 | 7 | 6 |
| 5 | 2 | 6 | 7 | 4 | 9 | 1 | 3 | 8 |
| 7 | 1 | 8 | 6 | 2 | 3 | 4 | 9 | 5 |
| 6 | 3 | 9 | 4 | 1 | 2 | 5 | 8 | 7 |
| 1 | 8 | 7 | 9 | 6 | 5 | 3 | 2 | 4 |
| 4 | 5 | 2 | 3 | 8 | 7 | 6 | 1 | 9 |
| 2 | 6 | 5 | 8 | 7 | 1 | 9 | 4 | 3 |
| 9 | 7 | 1 | 5 | 3 | 4 | 8 | 6 | 2 |
| 8 | 4 | 3 | 2 | 9 | 6 | 7 | 5 | 1 |

**186**

| 9 | 1 | 5 | 3 | 4 | 6 | 7 | 8 | 2 |
| 7 | 3 | 6 | 2 | 8 | 9 | 4 | 1 | 5 |
| 4 | 2 | 8 | 7 | 5 | 1 | 9 | 6 | 3 |
| 5 | 4 | 1 | 9 | 6 | 3 | 8 | 2 | 7 |
| 8 | 9 | 3 | 5 | 7 | 2 | 1 | 4 | 6 |
| 6 | 7 | 2 | 8 | 1 | 4 | 3 | 5 | 9 |
| 1 | 5 | 4 | 6 | 3 | 7 | 2 | 9 | 8 |
| 3 | 6 | 9 | 1 | 2 | 8 | 5 | 7 | 4 |
| 2 | 8 | 7 | 4 | 9 | 5 | 6 | 3 | 1 |

**187**

| 5 | 2 | 3 | 4 | 9 | 6 | 8 | 7 | 1 |
| 6 | 4 | 1 | 5 | 7 | 8 | 9 | 3 | 2 |
| 7 | 9 | 8 | 3 | 2 | 1 | 6 | 4 | 5 |
| 8 | 7 | 9 | 2 | 5 | 3 | 1 | 6 | 4 |
| 3 | 5 | 2 | 6 | 1 | 4 | 7 | 9 | 8 |
| 1 | 6 | 4 | 9 | 8 | 7 | 5 | 2 | 3 |
| 2 | 1 | 6 | 8 | 3 | 9 | 4 | 5 | 7 |
| 4 | 8 | 5 | 7 | 6 | 2 | 3 | 1 | 9 |
| 9 | 3 | 7 | 1 | 4 | 5 | 2 | 8 | 6 |

**188**

| 4 | 9 | 8 | 3 | 7 | 5 | 2 | 1 | 6 |
| 1 | 2 | 7 | 9 | 8 | 6 | 3 | 5 | 4 |
| 3 | 5 | 6 | 4 | 2 | 1 | 9 | 7 | 8 |
| 7 | 4 | 5 | 6 | 1 | 9 | 8 | 2 | 3 |
| 6 | 1 | 2 | 8 | 3 | 7 | 5 | 4 | 9 |
| 8 | 3 | 9 | 5 | 4 | 2 | 1 | 6 | 7 |
| 9 | 6 | 1 | 7 | 5 | 3 | 4 | 8 | 2 |
| 5 | 8 | 3 | 2 | 6 | 4 | 7 | 9 | 1 |
| 2 | 7 | 4 | 1 | 9 | 8 | 6 | 3 | 5 |

**189**

| 9 | 7 | 8 | 6 | 2 | 3 | 4 | 5 | 1 |
|---|---|---|---|---|---|---|---|---|
| 2 | 6 | 5 | 4 | 1 | 9 | 8 | 7 | 3 |
| 1 | 3 | 4 | 5 | 8 | 7 | 9 | 2 | 6 |
| 4 | 2 | 7 | 8 | 3 | 6 | 1 | 9 | 5 |
| 3 | 8 | 6 | 9 | 5 | 1 | 2 | 4 | 7 |
| 5 | 9 | 1 | 7 | 4 | 2 | 6 | 3 | 8 |
| 8 | 5 | 9 | 3 | 6 | 4 | 7 | 1 | 2 |
| 6 | 4 | 2 | 1 | 7 | 5 | 3 | 8 | 9 |
| 7 | 1 | 3 | 2 | 9 | 8 | 5 | 6 | 4 |

**190**

| 5 | 2 | 1 | 3 | 6 | 9 | 7 | 8 | 4 |
|---|---|---|---|---|---|---|---|---|
| 4 | 8 | 3 | 5 | 1 | 7 | 6 | 9 | 2 |
| 6 | 9 | 7 | 8 | 4 | 2 | 3 | 1 | 5 |
| 8 | 4 | 9 | 2 | 3 | 1 | 5 | 6 | 7 |
| 7 | 6 | 5 | 9 | 8 | 4 | 2 | 3 | 1 |
| 1 | 3 | 2 | 6 | 7 | 5 | 9 | 4 | 8 |
| 9 | 5 | 4 | 1 | 2 | 6 | 8 | 7 | 3 |
| 3 | 7 | 6 | 4 | 5 | 8 | 1 | 2 | 9 |
| 2 | 1 | 8 | 7 | 9 | 3 | 4 | 5 | 6 |

**191**

| 9 | 2 | 4 | 5 | 1 | 6 | 3 | 8 | 7 |
| 5 | 1 | 8 | 3 | 7 | 4 | 2 | 6 | 9 |
| 7 | 6 | 3 | 2 | 8 | 9 | 5 | 4 | 1 |
| 4 | 9 | 5 | 1 | 6 | 8 | 7 | 3 | 2 |
| 6 | 7 | 1 | 9 | 2 | 3 | 8 | 5 | 4 |
| 3 | 8 | 2 | 7 | 4 | 5 | 9 | 1 | 6 |
| 2 | 5 | 6 | 4 | 3 | 7 | 1 | 9 | 8 |
| 1 | 4 | 9 | 8 | 5 | 2 | 6 | 7 | 3 |
| 8 | 3 | 7 | 6 | 9 | 1 | 4 | 2 | 5 |

**192**

| 5 | 4 | 2 | 1 | 3 | 6 | 8 | 9 | 7 |
| 6 | 1 | 9 | 7 | 8 | 2 | 3 | 4 | 5 |
| 3 | 8 | 7 | 4 | 9 | 5 | 2 | 1 | 6 |
| 4 | 6 | 5 | 2 | 7 | 8 | 9 | 3 | 1 |
| 8 | 9 | 3 | 5 | 4 | 1 | 7 | 6 | 2 |
| 7 | 2 | 1 | 9 | 6 | 3 | 5 | 8 | 4 |
| 9 | 7 | 6 | 8 | 5 | 4 | 1 | 2 | 3 |
| 1 | 5 | 4 | 3 | 2 | 9 | 6 | 7 | 8 |
| 2 | 3 | 8 | 6 | 1 | 7 | 4 | 5 | 9 |

**193**

| 2 | 4 | 1 | 3 | 8 | 6 | 9 | 5 | 7 |
| 5 | 9 | 8 | 2 | 7 | 4 | 3 | 6 | 1 |
| 3 | 6 | 7 | 9 | 1 | 5 | 4 | 8 | 2 |
| 1 | 8 | 2 | 7 | 5 | 3 | 6 | 9 | 4 |
| 4 | 3 | 9 | 1 | 6 | 8 | 7 | 2 | 5 |
| 6 | 7 | 5 | 4 | 2 | 9 | 8 | 1 | 3 |
| 7 | 2 | 6 | 8 | 3 | 1 | 5 | 4 | 9 |
| 8 | 1 | 4 | 5 | 9 | 7 | 2 | 3 | 6 |
| 9 | 5 | 3 | 6 | 4 | 2 | 1 | 7 | 8 |

**194**

| 8 | 3 | 1 | 7 | 9 | 4 | 5 | 2 | 6 |
| 9 | 6 | 2 | 5 | 8 | 1 | 3 | 7 | 4 |
| 5 | 4 | 7 | 3 | 6 | 2 | 8 | 9 | 1 |
| 4 | 8 | 6 | 1 | 2 | 9 | 7 | 3 | 5 |
| 2 | 7 | 9 | 4 | 3 | 5 | 1 | 6 | 8 |
| 1 | 5 | 3 | 8 | 7 | 6 | 9 | 4 | 2 |
| 6 | 9 | 8 | 2 | 5 | 7 | 4 | 1 | 3 |
| 3 | 2 | 4 | 9 | 1 | 8 | 6 | 5 | 7 |
| 7 | 1 | 5 | 6 | 4 | 3 | 2 | 8 | 9 |

**195**

| 7 | 6 | 5 | 9 | 8 | 2 | 4 | 1 | 3 |
|---|---|---|---|---|---|---|---|---|
| 1 | 4 | 8 | 7 | 5 | 3 | 2 | 9 | 6 |
| 2 | 9 | 3 | 4 | 6 | 1 | 5 | 7 | 8 |
| 5 | 8 | 6 | 2 | 9 | 7 | 1 | 3 | 4 |
| 3 | 7 | 4 | 8 | 1 | 5 | 6 | 2 | 9 |
| 9 | 2 | 1 | 6 | 3 | 4 | 8 | 5 | 7 |
| 6 | 1 | 9 | 3 | 2 | 8 | 7 | 4 | 5 |
| 8 | 5 | 7 | 1 | 4 | 9 | 3 | 6 | 2 |
| 4 | 3 | 2 | 5 | 7 | 6 | 9 | 8 | 1 |

**196**

| 9 | 1 | 6 | 8 | 5 | 4 | 3 | 2 | 7 |
|---|---|---|---|---|---|---|---|---|
| 8 | 2 | 3 | 1 | 7 | 6 | 4 | 9 | 5 |
| 4 | 7 | 5 | 9 | 3 | 2 | 1 | 8 | 6 |
| 1 | 6 | 4 | 2 | 9 | 5 | 8 | 7 | 3 |
| 2 | 9 | 7 | 4 | 8 | 3 | 5 | 6 | 1 |
| 5 | 3 | 8 | 7 | 6 | 1 | 9 | 4 | 2 |
| 7 | 5 | 9 | 6 | 1 | 8 | 2 | 3 | 4 |
| 3 | 8 | 2 | 5 | 4 | 7 | 6 | 1 | 9 |
| 6 | 4 | 1 | 3 | 2 | 9 | 7 | 5 | 8 |

**197**

| 5 | 8 | 2 | 9 | 7 | 3 | 1 | 4 | 6 |
| 9 | 1 | 4 | 8 | 6 | 2 | 5 | 7 | 3 |
| 7 | 6 | 3 | 1 | 4 | 5 | 2 | 9 | 8 |
| 4 | 2 | 6 | 5 | 9 | 8 | 3 | 1 | 7 |
| 8 | 7 | 5 | 3 | 1 | 6 | 4 | 2 | 9 |
| 3 | 9 | 1 | 4 | 2 | 7 | 8 | 6 | 5 |
| 1 | 3 | 7 | 2 | 5 | 9 | 6 | 8 | 4 |
| 6 | 4 | 8 | 7 | 3 | 1 | 9 | 5 | 2 |
| 2 | 5 | 9 | 6 | 8 | 4 | 7 | 3 | 1 |

**198**

| 6 | 4 | 2 | 5 | 9 | 7 | 8 | 1 | 3 |
| 3 | 1 | 7 | 6 | 8 | 4 | 5 | 9 | 2 |
| 5 | 8 | 9 | 3 | 2 | 1 | 4 | 6 | 7 |
| 7 | 9 | 4 | 2 | 1 | 6 | 3 | 5 | 8 |
| 8 | 3 | 6 | 7 | 4 | 5 | 9 | 2 | 1 |
| 2 | 5 | 1 | 8 | 3 | 9 | 7 | 4 | 6 |
| 9 | 7 | 3 | 1 | 5 | 2 | 6 | 8 | 4 |
| 1 | 6 | 5 | 4 | 7 | 8 | 2 | 3 | 9 |
| 4 | 2 | 8 | 9 | 6 | 3 | 1 | 7 | 5 |

| 11 | 7 | 8 | 12 | 2 | 10 | 6 | 9 | 3 | 1 | 4 | 5 |
|----|----|----|----|----|----|----|----|----|----|----|----|
| 9 | 3 | 1 | 6 | 4 | 8 | 11 | 5 | 2 | 7 | 10 | 12 |
| 10 | 4 | 2 | 5 | 7 | 12 | 3 | 1 | 8 | 9 | 6 | 11 |
| 12 | 1 | 5 | 3 | 11 | 7 | 2 | 4 | 10 | 6 | 8 | 9 |
| 8 | 2 | 4 | 11 | 9 | 6 | 1 | 10 | 12 | 5 | 7 | 3 |
| 7 | 6 | 10 | 9 | 12 | 3 | 5 | 8 | 11 | 4 | 2 | 1 |
| 5 | 9 | 7 | 4 | 10 | 1 | 8 | 11 | 6 | 12 | 3 | 2 |
| 1 | 11 | 3 | 10 | 6 | 4 | 12 | 2 | 5 | 8 | 9 | 7 |
| 2 | 12 | 6 | 8 | 5 | 9 | 7 | 3 | 1 | 10 | 11 | 4 |
| 6 | 10 | 12 | 2 | 1 | 11 | 9 | 7 | 4 | 3 | 5 | 8 |
| 4 | 8 | 11 | 7 | 3 | 5 | 10 | 12 | 9 | 2 | 1 | 6 |
| 3 | 5 | 9 | 1 | 8 | 2 | 4 | 6 | 7 | 11 | 12 | 10 |

| 6  | 12 | 11 | 2  | 10 | 4  | 1  | 7  | 8  | 5  | 9  | 3  |
|----|----|----|----|----|----|----|----|----|----|----|----|
| 10 | 3  | 7  | 5  | 8  | 12 | 9  | 2  | 6  | 1  | 11 | 4  |
| 8  | 1  | 4  | 9  | 3  | 5  | 11 | 6  | 12 | 2  | 10 | 7  |
| 11 | 2  | 8  | 12 | 1  | 10 | 7  | 9  | 5  | 3  | 4  | 6  |
| 3  | 9  | 6  | 7  | 2  | 8  | 5  | 4  | 11 | 12 | 1  | 10 |
| 5  | 10 | 1  | 4  | 11 | 6  | 12 | 3  | 9  | 8  | 7  | 2  |
| 12 | 8  | 9  | 6  | 7  | 2  | 4  | 1  | 10 | 11 | 3  | 5  |
| 7  | 5  | 2  | 1  | 6  | 3  | 10 | 11 | 4  | 9  | 12 | 8  |
| 4  | 11 | 10 | 3  | 5  | 9  | 8  | 12 | 2  | 7  | 6  | 1  |
| 2  | 7  | 3  | 10 | 12 | 11 | 6  | 8  | 1  | 4  | 5  | 9  |
| 1  | 4  | 5  | 11 | 9  | 7  | 2  | 10 | 3  | 6  | 8  | 12 |
| 9  | 6  | 12 | 8  | 4  | 1  | 3  | 5  | 7  | 10 | 2  | 11 |